엔크리스토 제자양육성경공부 7 - 영성과정

이대희 지음 | 바이블미션 편

# 영성훈련

-거름주기

# 말씀으로 삶을 변화시키는
# 한국형 제자양육 교재

혼탁한 시대일수록 확고한 제자의식과 말씀이 생활 속에 나타나도록 하는 훈련이 필요합니다.

많은 성경공부 교재들이 나와 있지만 자아의식을 높이고 말씀을 연구하며 묵상하고 실천하며 생활이 변화되도록 하는 양육교재는 그리 많지 않습니다.

귀납적 방법과 이야기대화식 방법을 적용한 엔크리스토 제자양육 성경공부는 한국 상황에 맞는 성경공부 교재입니다. 일대일과 소그룹을 통하여 스스로 공부할 수 있도록 하고 말씀 속으로 깊게 들어가게 하는 점에서 매우 흥미 있는 교재입니다. 또 말씀을 삶의 실천까지 이끄는 특징을 가지고 있는 전인적 양육교재입니다. 교사나 지도자에게만 의지하지 않고 스스로 성경을 배우고 조용히 은혜의 말씀 속에 잠겨 보면서 말씀의 능력을 경험할 수 있으리라 여겨집니다.

한국 교회는 말씀의 생활화를 위해 크게 힘써야 할 새로운 시대를 맞이하고 있습니다. 이 성경공부 교재가 성령의 인도하심 가운데 그리스도인 한 사람 한 사람을 제자의 삶으로 변화시키기를 소원합니다. 그리하여 한국 교회가 말씀으로 성장하며 아울러 사회와 민족이 말씀으로 새롭게 변화되는 데 귀하게 쓰이기를 기도합니다.

장로회신학대학교 대학원장, 명예교수
주선애

# 말씀을 통한 자연스러운
# 사람의 성장을 꿈꾸며

포스트모던 시대에 접어든 현대 사회는 하루가 다르게 급변하고 있습니다. 무엇보다도 물질주의, 이기주의로 인하여 인간의 존엄성이 사라지고 있고 세속화, 비인간화가 교회까지 침투하여 교회가 점차 위기를 맞고 있습니다. 우리는 날이 갈수록 무엇이 진리인지 알 수 없는 애매모호한 시대 속에서 살고 있습니다.

최후의 보루인 교회마저도 한 사람의 가치보다는 보이는 건물과 물질에 끌려가고 있는 실정입니다. 이렇게 된 요인은 절대적인 진리인 성경에서 멀어졌기 때문입니다. 우리 주위를 보면 사람과 교회가 말씀의 성장보다는 세상적인 유행이나 인위적이고 물질적인 성장의 흐름이 주도하고 있는 듯합니다. 지금 교회와 그리스도인은 내부에서 성장의 힘을 찾기보다는 외부에서 성장의 힘을 찾으려는 유혹에 직면해 있습니다.

교회는 인간의 경험과 생각이 아니라 말씀이 이끌어가야 합니다. 교회의 목적은 말씀을 생활화하는 것입니다. 그러면 자연히 교회는 성장하고 부흥하며 사회에서 영향력을 끼칠 수 있을 것입니다. 과정을 무시하고 빠른 속도로 이끌어 내는 인위적인 성장보다는 조금 느리더라도 과정을 거치면서 자연스럽게 유기적 성장의 모습을 추구하는 것이 모든 교회의 소망입니다. 성령의 역사로 교회가 자라가고 흥왕한다면 세상 사람들에게 칭찬 받는 능력의 교회가 될 것입니다.

이것을 위해서 각 그리스도인들에게 말씀의 생명력을 불어넣는 일이 중요합니다. 이런 지속적인 과정을 통하여 점차 구원 받는 자가 날마다 늘어나는 기적의 역사가 한국 교회 속에 일어나기를 소원합니다. 일시적인 성공 프로그램이 아닌 말씀을 통한 교회 성장을 꿈꾸어 봅니다.

본 양육교재는 "엔크리스토 성경공부" 라는 이름으로 한국교회에 소개되어 많은 사람들에게 사랑을 받았던 교재를 기초한 성경교재입니다. "엔크리스토 성경공부" 는 20여 년 전, 마땅한 한국적 성경 교재가 없었던 시기에 젊은이와 청년들을 변화시켰던 성경교재입니다. 필자는 말씀을 통해 변화되는 사람들을 보면서 말씀의 힘이 얼마나 위대한지를 직접 경험했고, 그것이 지난 20여 년 동안 성경공부 교재 집필과 말씀을 전하고 가르치는 사역을 어려운 가운데서도 지속적으로 하게 된 원동력이 되었습니다. 지금도 필자는 이 성경교재로 은혜를 받고 성장한 사람들의 이야기들을 종종 접하고 있습니다. 20여 년이 지난 지금, 말씀을 통해 생명의 역사를 일으켰던 그 정신과 힘을 계속 이어간다는 의미에서 이번에 새롭게 내용을 구성하고 보완하여 한국교회 토양에 적합한 제자양육 성경공부 교재를 두려운 마음으로 다시 내놓게 되었습니다.

"성경으로 돌아가자" 는 구호는 지금 한국교회에 아주 적합한 말입니다. 이런 저런 프로그램과 내용으로 사람과 교회를 변화시키려 하지만 결국은 성경밖에 없다는 결론에 이르게 됩니다. 사람마다 시기의 차이만 있을 뿐 결국 우리 모두가 이르게 될 종착점은 성경입니다. 시대와 상황에 상관없이 성경공부를 통한 제자양육은 아무리 강조해도 지나치지 않습니다. 성경공부는 단순히 책을 배우는 지식공부가 아닙니다. 말씀이신 하나님과 말씀이 육신이 되신 예수님과 오늘도 진리로 인도하시는 성령님을 체험으로 알아가는 전인적인 하나님 공부입니다.

2000년 전 초대교회는 전적으로 말씀의 힘을 받아 부흥했습니다. 100여 년 전에 불었던 한국교회의 부흥의 역사도 말씀을 통한 부흥이었습니다. 지금의 한국교회는 잠깐 유행하는 프로그램에 이리저리 끌려다녀 시간을 소비하기보다는 성경에 더욱 충실해야 할 것입니다. 아무쪼록 이 양육교재가 그런 일에 조금이라도 보탬이 되기를 소원합니다. 다음 세대에 물려줄 것은 오직 말씀뿐입니다. 이 교재를 통해 성경으로 돌아가며 각자 말씀의 위대한 능력을 경험하는 일이 한국교회에 새롭게 일어나기를 기도합니다. 이런 말씀의 부흥은 시대와 상관없이 다음 세대에도 계속 이어질 것입니다.

지금까지 20여 년 동안 필자와 함께 일대일과 소그룹, 다양한 교회현장에서 말씀을 나누었던 이름을 기억할 수 없는 수많은 사람들, 각자 주어진 현장에서 주님의 제자로 살아가고 있을 사람들, 말씀을 함께 나누면서 마냥 행복해했던 많은 형제와 자매들, 성도들, 학생들에게 감사드립니다. 이들은 지금까지 저에게 힘을 부어 주었던 너무나 소중한 사람들입니다. 이 자리를 빌어 감사의 인사를 전합니다. 특히 외로운 말씀의 길로 달려가는 데 늘 위로와 격려, 기도로 힘을 더해 준 착한 아내 채금령 님에게, 그리고 아버지의 일을 이해하고 잘 따라준 샘과 기쁨에게도 고마움을 전합니다. 그동안 말씀의 길을 가도록 멘토로 한결같이 이끌어 주신 은사 주선애 교수님과 어려운 가운데서도 말씀의 소중함을 가지고 한국교회의 말씀 사역을 위해 지원과 힘을 더해주시고 있는 엔크리스토 박종태 사장님에게 깊은 감사를 드립니다.

오직 하나님께 영광을 올리면서

저자 **이대희**

# 유 기 적  교 회  섬 김  조 직 표

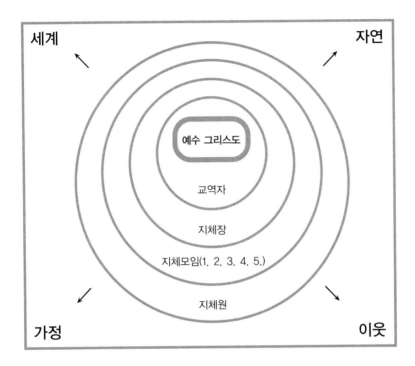

- 엔크리스토 제자양육 조직은 상하명령식인 라인조직이 아닌 상호 유기적인 교제가 이루어지는 원형 조직입니다. 머리되신 예수 그리스도를 중심으로 모두가 그리스도의 몸된 공동체를 이루는 교회 모습을 지향합니다. 유기적인 원형조직에서는 머리이신 예수 그리스도 이외는 높고 낮음이 없이 모두 평등합니다. 모두가 그리스도 안에서 만인 제사장입니다. 그러나 그리스도의 몸 안에서 분량에 맞는 역할과 책임이 있다는 면에서 서로 다릅니다.
- 그리스도, 교역자, 지체장, 지체모임, 지체원은 각자 분리된 것이 아니라 서로 긴밀히 연결된 유기적 관계이며 하나의 생명체입니다. 개인이 아닌 몸된 교회입니다. 세상으로 나갈 때는 각 개인(지체들)으로 가정, 이웃, 세계, 자연 속에서 사명을 감당하지만 결과적으로는 몸된 교회로서 움직이는 것입니다. 교회와 지체와 나는 분리될 수 없는 하나입니다. 교회의 영광이 곧 나의 영광이며 나의 영광이 곧 교회의 영광인 하나된 구조입니다.

## 그 리 스 도 와  공 동 체 가  맺 은  공 동 체  약 속

나는 예수 그리스도가 나의 구주되시며, 주님은 나에게 힘을 주시는 분인 줄 믿습니다.

나는 주님의 제자가 되는 제자양육 과정을 통하여 주님이 원하시는 충실한 제자가 될 줄 기대하며 믿습니다.

나는 하나님의 말씀을 배우면서 주님을 닮은 자가 되기 위하여 다음에 대한 것을 성실히 지킬 것을 주님과 지체원들에게 약속합니다.

1. 시간을 꼭 지키며 모임에 빠지지 않도록 합니다.
   (불가피할 경우 사전에 연락하며 보충을 받도록 합니다)
2. 이 과정을 마칠 때까지 모임과 지체원들을 위하여 일주일에 한번 이상 기도합니다.
3. 이 과정을 성실히 마치도록 돕는 기도후원자를 둡니다.
   (기도후원자 이름:                관계:              )
4. 매과의 해당 성경본문을 3번 이상 읽고 교재를 준비해 옵니다.

200     ,       ,

이름:

서명:

엔크리스토 제자양육 성경공부는 하나님의 말씀을 통해 그리스도의 제자로 양육하는 특징을 가지고 있습니다. 어느 한부분이 아닌 전인적인 측면에서 제자를 양육하는 한국토양에 맞는 제자양육 과정입니다.

### 특징

**1. 교회와 생활을 변화시키는 새로운 패러다임의 통합형 전인 제자양육 과정입니다**

복음 소개와 전도, 일대일 양육, 말씀공부, 영성훈련의 4가지 과정을 하나로 통합한 제자양육 과정으로 기존의 성경공부 중심으로만 되어 있는 제자과정을 뛰어넘는 새로운 형태의 통합형 전인적 제자양육입니다.

**2. 제자양육의 핵심인 성경공부는 본문을 중심으로 한 귀납적 성경공부와 이야기대화식 성경공부를 통합한 성경공부입니다**

기본적으로 관찰, 해석, 적용의 과정을 거치면서 실천에 이르게 하는 특징을 가지고 있습니다. 또한 이야기와 대화식을 통하여 생동감 있는 말씀으로 생활에 적용하는 가장 효과적인 성경공부 방법을 사용하고 있습니다.

**3. 제자양육을 위한 소그룹과 나눔을 사용한 제자 양육과정입니다**

일방적인 주입식 공부가 아니라 소그룹에서 서로 나눔을 통하여 말씀의 깊이를 알아가며 그것을 생활에 적용하는 제자양육 과정입니다.

**4. 양육의 핵심은 성경공부를 중심으로 하되 이것을 실천하는 영성훈련 과정을 통해 전인적이고 실제적인 제자양육을 하는 과정입니다**

　　영성훈련의 과정은 일회적이 아닌 지속적으로 반복하여 훈련할 수 있게 구성했
으며 실제적으로 활용할 수 있는 방법들을 제시했습니다.

### 5. 신앙의 기초와 뼈대와 성장과 열매를 맺는 생명의 과정으로 자연스럽게 복음과 말씀을 만나 주님을 닮아가는 제자양육 과정입니다

　　생명체인 식물처럼 자연스러운 신앙과 유기적인 교회 성장을 기할 수 있도록 구
성이 되었습니다. 교재 내용을 그대로 따라서 과정을 이수하다 보면 자연스럽게 생
활에 익숙해지는 양육의 특징을 가지고 있습니다.

### 6. 제자로서 꼭 알아야 할 가장 중요한 신앙의 핵심과 뼈대를 중심으로 구성되었습니다

　　주님의 칭찬을 받는 제자와 신앙이 자라기 위해서 꼭 필요한 영양분과 같은 내용
으로 구성되었습니다. 신앙의 핵심을 이해하면서 신앙의 기초를 든든히 하며 신앙
성장을 이룰 수 있습니다.

### 구성

　　제자양육을 만드는 전체과정은 크게 네 가지 과정으로 구성이 되었습니다.

1. 복음소개-비전 품기-전도 과정(1권)
2. 일대일 양육-토양 가꾸기-기초과정(2권)
3. 말씀양육-뼈대와 성장과 열매 맺기-양육과정(3-6권)
4. 영성훈련-거름주기-영성과정(7권)

# 교 재  구 성

소그룹 속에서 행해지는 각과 성경공부 과정은 크게 다섯 단계를 염두에 두고 구성되었습니다.

- **도입-마음 열기**

  1단계-솔직하고 겸손한 마음을 가지라

- **말씀의 살핌-말씀을 듣고 받기-** 관찰

  2단계-말씀을 들으라

  3단계-나의 말씀으로 받으라

- **말씀의 깨달음-말씀을 깨닫기-** 해석

  4단계-말씀의 의미를 깨달으라

- **말씀의 적용-말씀을 적용하기-** 적용

  5단계-깨달은 말씀을 적용하라

- **실천을 위한 묵상-실천과 결단 하기-** 실천

  6단계-적용된 말씀을 삶에서 실천하라

  인내하면서 나가면 때가 되면 30배, 60배, 100배 열매를 맺는다.

복음과 만남과 일대일 양육 과정은 처음 제자훈련할 때 시행할 수 있는 **일회 과정**입니다. 그러나 영성훈련은 **평생 과정**입니다. 상황에 따라 이 부분을 현장에서 적절하게 사용하면 큰 유익이 될 것입니다.

## 교 재 사 용 법

1. 본 제자양육 성경공부는 주로 귀납적 방법과 이야기대화식 방법을 사용함으로 필자의 책을 참조하여 미리 이해하면 유익합니다(이야기대화식 성경연구(엔크리스토 刊)).

2. 본 제자양육은 설교식이나 일방적 강의가 아니라 함께 토의를 하면서 해답을 찾아가는 것이며 오늘 주시는 하나님의 음성을 듣는 것입니다.

   가능하면 미리 해답을 말하기보다는 점차 밝혀지는 방향으로 나아가야 합니다.

3. 본 제자양육 성경공부는 전인적인 삶에 목표를 두면서 머리와 가슴과 발과 손을 통합한 전인적인 의미에서 제자양육입니다.

4. "영성훈련" 과정은 수시로 사용할 수 있고 과정 중에 사용할 수도 있습니다. 영성훈련은 서로 도와주고 이끌어 주면서 생활 속에서 훈련해야 합니다. 이것은 제자양육이 자칫 성경공부로만 그치는 것을 극복하게 합니다.

   이런 영성훈련 과정을 통하여 성경을 구체적으로 적용하는 능력이 생기게 됩니다. 그러므로 이것은 맨 마지막 과정에 사용하기보다는 중간 중간 필요한 상황에 따라 수시로 사용하는 게 좋습니다. 또한 과제 등으로 내줄 수 있습니다.

5. 본 제자양육 과정을 공부하기 위해서는 한 그룹을 "○○지체"라 부르고 구성원은 "○○지체원" 전체를 "○○ 교회공동체"라 부릅니다. 모임을 총괄하는 사람은 "지체장", 성경과 양육을 담당하는 사람은 "교사"라고 부릅니다. 지체장은 전체적인 내용, 즉 봉사와 모임과 지체들과의 관계 등을 채워주고, 교사는 그날 주어진 말씀과 신앙생활을 주로 가르칩니다. 기존의 소그룹을 그리스도의 몸의 측면에서 이해하는 유기적인 조직으로서 오가닉 교회의 모습입니다.

# 엔크리스토 제자양육과정 전체요목

# 7 영성훈련 | 거름주기-영성 |

1. 말씀(시편)기도
2. 경건의 시간(큐티)
3. 관계훈련
4. 성경통독
5. 소그룹대화기도
6. 말씀 찬양
7. 홀로 있는 시간
8. 중보기도
9. 찬송기도
10. 듣고 말하는 기도
11. 식탁의 사귐
12. 영적 독서
13. 섬김훈련
14. 사랑의 실천
15. 전도훈련
16. 복음현장 탐방
17. 리트릿수양회

# 엔크리스토 제자양육과정표

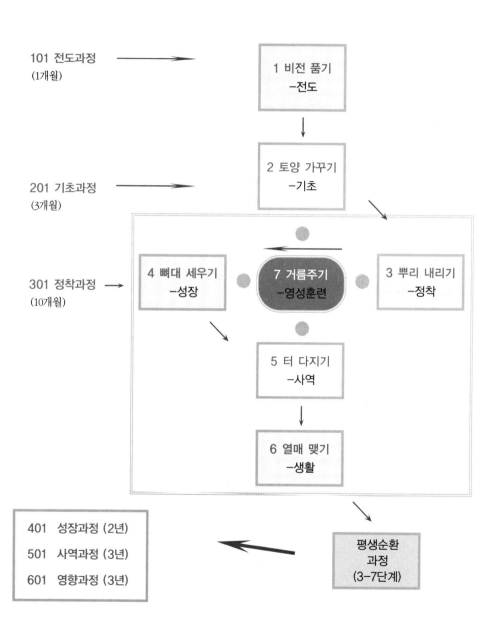

101 전도과정
(1개월) ⟶

1 비전 품기
-전도

2 토양 가꾸기
-기초

201 기초과정
(3개월) ⟶

301 정착과정
(10개월) ⟶

4 뼈대 세우기
-성장

7 거름주기
-영성훈련

3 뿌리 내리기
-정착

5 터 다지기
-사역

6 열매 맺기
-생활

401 성장과정 (2년)
501 사역과정 (3년)
601 영향과정 (3년)

평생순환
과정
(3-7단계)

# 차례

# 들어가면서

온전한 신앙을 가진 그리스도인이 되기 위해서는 오랜 기간이 필요합니다. 신앙은 인격적인 것이기에 단 순간에 이루어지기보다는 오랜 기간을 통하여 성화되어 갑니다. 성경을 배우고 아는 것만으로는 하나님을 이해한다고 볼 수 없습니다. 이는 자칫 지식의 습득으로만 그칠 수 있습니다. 신앙은 전인적입니다. 모든 삶에서 신앙인이 되어야 합니다. 이런 사람이 되기 위해서는 영성훈련의 과정이 필요합니다.

여기에 제시된 영성훈련 과정은 '엔크리스토 제자양육 성경공부' 과정을 해나가면서 중간 중간에 훈련할 수 있는 영성훈련 지침서입니다. 이 과정은 다른 교제를 마치고 사용하는 것이 아니라 처음부터 필요에 따라 훈련하도록 구성된 영성훈련 교재입니다. 식물이 자라기 위해서는 처음부터 때마다 적절히 거름을 주어야 하듯이 영성훈련도 이런 과정이 필요합니다. 영성훈련 과정은 일종의 거름 주기 과정입니다. 지도자의 판단에 따라 적절하게 사용하면서 신앙을 훈련할 수 있도록 구성되었습니다. 이 과정은 편의상 마지막에 구성되었지만 순서에 상관없이 사용하면 유익하겠습니다. 또 순서에 매이지 말고 지도자가 적절하게 영성훈련 내용을 선택하여 사용하면 좋겠습니다.

이 과정은 성경공부 과정이 자칫 고루하기 쉽고 지식으로 머물게 되는 것을 방지하는 것으로 생명력을 불어넣는 역할을 합니다. 한꺼번에 사용하기보다는 선택하여 성경공부 가운데에 영성훈련의 과정으로 사용하면 좋습니다. 전체적으로 지침을 제공하고 일주일의 삶 속에서 실천한 것을 나누는 방법으로 진행하도록 합니다.

이 과정은 한 번으로 끝나는 것이 아닌 일생 동안 해야 하는 내용들입니다. 평생 동안 익숙하도록 도와주는 역할을 합니다. 한 번에 이루어지지 않는다고 실망하지 말고 지체들과 계속 격려하고 도와주면서 인내를 가지고 하나님이 원하시는 경건한 사람으로 성장해 나가도록 힘써야 합니다. 훈련은 혼자서 하기 힘듭니다. 공동체나 소그룹 지체들과 함께 해야 합니다. 특히 신앙의 선배들이 적극 도와주면서 주님의 마음을 품은 거룩한 사람으로 자라 가도록 해야 합니다. 여기에 목표를 둔다면 매우 유익한 과정이 될 수 있습니다.

신앙의 결국은 삶으로 이어져야 합니다. 그렇지 못한 신앙 훈련은 무의미합니다. 경건한 사람이 된다는 것은 많은 시간을 들이고 고난을 통과해야 함을 의미합니다. 고난을 이기는 데 영성훈련 과정이 큰 도움이 될 것입니다. 신앙의 선배들도 이런 훈련과정을 통하여 주님 앞으로 다가섰습니다. 이 점을 상기한다면 이것이 익숙해질 때까지 노력해야 할 것입니다.

여기에 소개된 영성훈련의 과정들은 초대교회부터 이미 오랫동안 믿음의 선배들이 행해왔던 것을 중심으로 정리한 것입니다. 영성의 거인들이 훈련했던 방법이기도 합니다. 죄인된 자신을 날마다 쳐서 복종하며 말씀 앞에 굴복시키는, 자기를 죽이는 작업이 곧 영성훈련 과정이라 할 수 있습니다. 처음에는 힘든 과정이라 할지라도 영성훈련을 해나간다면 언젠가는 성령의 자유로운 인도하심을 경험하게 될 것입니다.

한 가지 염두에 둘 것은, 여기에 제시된 것이 절대적이 아니라는 것입니다. 다만 주님 앞으로 나가기 위한 방법과 도구로서 사용되는 것임을 이해하고 제시된 방법에 얽매이기보다는 믿음의 분량에 따라 적절하게 응용하여 사용하는 지혜가 필요합니다. 이런 사용원칙을 가지고 영성훈련 과정을 해나간다면 많은 유익이 될 것입니다. 이런 사용원칙을 가지고 영성훈련 과정을 해나간다면 많은 유익이 될 것입니다.

각자 자기 영성에 맞는 훈련 과정을 개발하여 적용한다면 깊은 영적생활에 큰 도움을 줄 것입니다. 물론 이런 영성훈련 과정은 늘 말씀에 기초한 체험훈련이 되는 것임을 기억하면 좋겠습니다. 이런 의미에서 앞의 성경공부 과정은 꼭 필요합니다.

영성훈련은 곧 성경을 실천하는 훈련입니다.

17가지

# 영성훈련

# 01

# 말씀(시편)기도

| 말씀 | "조금 나아가사 얼굴을 땅에 대시고 엎드려 기도하여 가라사대 내 아
버지여 만일 할 만 하시거든 이 잔을 내게서 지나가게 하옵소서 그러
나 나의 원대로 마옵시고 아버지의 원대로 하옵소서 하시고" (마
26:39).

## 말씀의 기도란?

말씀기도는 성경 말씀을 가지고 기도하는 것입니다. 여기에는
두 가지 종류가 있는데, 성경 전체 말씀으로 하는 기도와 시편으
로 하는 기도가 그것입니다. 시편 기도는 시편 자체가 기도이기
때문에 무엇보다 좋은 기도문입니다. 말씀으로 기도하면 중언부
언을 막을 수 있고, 인간의 뜻과 의지에 빠지기 쉬운 위험성에서
벗어날 수 있습니다. 말씀기도로 꾸준히 기도 훈련을 하면 기도
의 능력을 체험할 수 있고 하나님의 뜻에 맞는 기도를 할 수 있습
니다.

방법

1. 성경 본문 하나를 선택합니다. 노트와 필기도구를 준비합니다. 그리고 다음과 같은 방법으로 기도합니다.

—1단계: 주어진 성경을 읽습니다.
"한 사람이 두 주인을 섬기지 못할 것이니 혹 이를 미워하며 저를 사랑하거나 혹 이를 중히 여기며 저를 경히 여김이라 너희가 하나님과 재물을 겸하여 섬기지 못하느니라"(마 6:24).

—2단계 : 그 뜻을 생각한다.
기독교의 신앙은 이것 아니면 저것입니다. 중간이란 있을 수 없습니다. 특히 창조주와 피조물과의 관계에서 창조주 이외의 선택은 큰 죄악입니다. 두 마리 토끼를 잡으려 하면 둘 다 놓칩니다. 인생을 살 때 하나님과 세상 중 하나를 선택해야 하는 갈등 속에서 고민할 때가 많습니다. 이것은 보이는 것과 보이지 않는 것, 일시적인 것과 영원한 것의 선택입니다. 여기서 중요한 것은, 세상과의 완전한 결별을 의미하는 것이 아니라 우선순위를 어디에 두고 사는가 하는 점입니다. 즉 하나님의 관점에서 물질을 볼 것인가, 물질의 관점에서 하나님을 볼 것인가 하는 것입니다. 이것은 우리의 생활을 결정하는 중요한 변수임을 잊지 말아야 합니다.

—3단계 : 기도합니다.
"우리를 창조하시고 모든 인생을 감찰하시는 하나님 아버지! 하나님과 세상 사이에서 방황하는 어리석은 저를 용서해 주소서. 나의 인생의 가치관을 하나님에 대한 신앙으로 마음을 확정하도록 주여

**23**

# 01

도와주소서! 오직 하나님만을 섬기고 그 외의 세상 것들은 하나님의 은혜로 받아들이며 하나님의 뜻에 따라 쓸 수 있는 마음을 허락하소서!

예수님의 이름으로 기도합니다. 아멘."

## 시편기도

—1단계 : 시편을 읽습니다.

"날마다 우리 짐을 지시는 주 곧 우리의 구원이신 하나님을 찬송할찌로다"(시 68:19).

—2단계 : 뜻을 생각합니다.

하나님은 당신의 자녀가 혼자서 고통을 감당하도록 내버려두지 않으십니다. 임마누엘의 하나님은 날마다 우리의 짐을 져주십니다. 이 얼마나 힘이 되는 말씀입니까?

"수고하고 무거운 짐진 자들아 다 내게로 오라 내가 너희를 쉬게 하리라"고 주님은 말씀하십니다. 그러므로 아무리 어렵고 힘든 삶일지라도 하나님께 맡기고, 우리의 어려움에 동참하시는 하나님의 사랑을 믿으며 날마다 찬송하는 신앙을 가져야 합니다. 우리는 결코 혼자가 아님을 기억해야 합니다. 하나님이 함께하심을 믿고 낙심치 말며 언제나 그분을 높이고 찬송해야 합니다.

—3단계 : 기도합니다.

"오, 주님

주님의 사랑을 진심으로 감사드립니다. 오늘도 어려운 현장 속에서 함께하시고 나의 고통을 함께 아파하시면서 나를 위해 인도하시는 그 사랑을 감사합니다. 나의 짐을 같이 지시는 우리의 구원자이신 하나님께 영광과 찬송을 돌립니다. 늘 나와 함께하시는 은혜를 기억하고 믿음의 생활을 잘 감당하게 하소서. 예수님의 이름으로 기도합니다. 아멘."

2. 이와 같은 방법으로 성경 말씀을 선택하여 기도훈련을 합니다.

• 나의 훈련 •

# 경건의 시간(큐티)

| 말씀 | "복 있는 사람은…… 오직 여호와의 율법을 즐거워하며 그 율법을 주야로 묵상하는 자로다"(시 1:1-2).

## 경건의 시간(큐티)이란?

하루를 시작할 때 누구와 함께 시작하는지는 매우 중요합니다. 그것은 하루 생활의 가치를 결정하는 것이요 방향을 정하는 것이 되기 때문입니다. 나의 생각이나 경험을 바탕으로 하루를 시작하거나 사람의 말을 듣고 하루를 시작하면 그 하루는 인간의 사고 이상을 넘지 못하고, 제한된 삶을 살 수밖에 없습니다.

매일의 삶을 지배하며 나의 모든 인생뿐만 아니라 이 세상을 주관하시는 분이 하나님이라면 하루의 시작은 당연히 그분의 음성을 듣는 것으로 시작되고 계획되어야 합니다. 그리고 그 말씀이 하루를 지배하는 주춧돌이 되어야 합니다. 이것이 매일 가지는 경건의 시간입니다. 우리는 이 시간을 통하여 하루의 영혼의 양식을 제공받습니다. 이것을 통하여 우리의 영혼이 살찌게 됩니다. 매일 하나님의 말씀을 통하여 영혼의 만남을 가진다면 우리의 영혼은 점차 자라가게 될 것입니다. 귀찮다고 식사를 자주 거르면 신체에 이상이 생기게 되고 나중에는 병이 들게 됩니다. 마찬가지로 매일 영혼의 양식을 먹는다면 세상의 유혹에서도 이길 수 있고 건강한 그리스도인이 될 수 있습니다. 매끼니 때마다 밥을 먹듯 경건의 시간 역시 평생 먹어야 하는 신앙 훈련입니다. 처음에는 어색할지라도 점차 생활화해서 우리의 삶에 정착하는 일이 중요합니다.

**방법**

─준비물: 필기도구, 성경, 찬송, 경건 노트

1. 찬양으로 시작합니다. 찬양은 하나님과 만나기 위해 마음을 여는 시간으로 찬양을 통하여 우리는 하나님께 우리의 마음과 생각을 집중하게 됩니다. 먼저 찬양을 하게 되면 하나님의 임재를 느끼게 되고, 경건의 시간에 들어가는 데 큰 도움이 됩니다.

2. 도움의 기도를 드립니다. 성경은 성령의 감동으로 기록된 것이기에 성령의 도움 없이는 성경을 읽을 수 없습니다. 성경을 읽는다 해도 하나님의 은혜를 받기 어렵습니다.

3. 오늘 주신 본문 말씀을 읽습니다. 말씀을 통해 하나님의 음성을 듣고 하나님과 만난다는 생각을 가져야 합니다. 말씀을 읽고 뜻을 생각하며 나의 삶에 적용하면서 주님과의 만남을 가질 수 있습니다.

4. 오늘 나에게 주시는 말씀을 노트에 적습니다. 하나님이 지금 나에게 주시는 깨달음을 간단하고 솔직하고도 구체적으로 묵상하여 노트에 적습니다.

5. 오늘 하루 중에 나침반으로 삼을 구절이나 단어를 적습니다. 이것을 마음에 새기고 하루 생활 중에 기억하여 주님과 대화

하는 마음으로 묵상합니다.

6. 내가 정한 제목을 적습니다.

7. 오늘 생활에서 내가 실천할 수 있는 내용을 적고 하나님의 도우심을 구하는 기도를 드립니다.

〈경건의 시간 "예"〉

## 경건의 시간

―내가 정한 제목:

―오늘의 말씀 : 마가복음 2:18-22

―주님과 만나는 시간과 장소:

―말씀 읽기(질문에 답하면서 성경을 읽습니다. 개인이 할 경우는 질문을 만들면서 성경을 읽습니다.)

　1) 왜 지금은 금식할 때가 아니라고 하셨습니까?

　2) 예수님은 금식을 어느 때 하라고 하셨습니까?

　3) 새 포도주는 어디에다 넣어야 합니까?


―오늘 나에게 주시는 말씀



―묵상 구절


―나의 결심과 기도

# 묵상의 글

모든 것의 주인은 예수님이십니다. 우리의 모든 신앙적인 행위 역시 예수님이 중심이 되어야 합니다.

바리새인의 제자들과 예수님의 제자들 사이에 갈등이 일어났습니다. 바리새인들은 예수님의 제자들에게 금식을 안 한다고 따졌습니다. 바리새인들은 일주일에 두 번씩 눈에 띄도록 금식했습니다. 이들의 금식은 순전히 자기의 의를 나타내기 위함이었습니다.

주님은 금식하는 목적이 하나님께 온전히 집중하기 위해서이고, 그 외에는 금식이 필요 없다고 말씀하셨습니다. 지금 우리의 경건생활도 자칫하면 바리새인과 같은 신앙의 모습이 되기 쉽습니다. 예수님이 빠진 기도, 금식, 찬양, 말씀, 봉사, 교제는 무의미하며 자칫 잘못하면 이기적인 악의 도구가 되고 맙니다. 기도나 금식은 하나님의 영광을 나타내기 위한 것이 되어야지 자기의 의를 나타내는 것이라면 아무 가치가 없습니다.

새것 앞에 옛것은 무력합니다. 새 포도주이신 예수님, 새것인 복음을 옛것인 율법이 대신할 수 없습니다. 예수 그리스도 안에서만이 그 율법은 의미가 있습니다. 오히려 모든 율법은 예수 그리스도에게 향해 있습니다. 지금 하나님에 대한 나의 행위가 혹시 복음이 빠진 이기적이고 율법적인 신앙 행위는 아닌지 솔직하게 검토할 필요가 있습니다.

**02**

8. 위와 같은 방법으로 매일 경건의 시간을 갖습니다. 본문 말씀은 성경책별로 하되 10절 내외 분량으로 하는 것이 적당합니다. 가능하면 구성원들이 함께 말씀을 나누는 시간을 가지면서 서로의 믿음을 점검하고 돌보기를 권합니다. 이는 좋은 훈련이 될 수 있습니다. 밥을 먹는 훈련을 하듯이 생명의 양식을 먹는 경건의 시간을 갖는 습관을 들이는 것이 중요합니다.

# 관계훈련

| 말씀 | "우리가 이 계명을 주께 받았나니 하나님을 사랑하는 자는 또한 그 형
제를 사랑할찌니라"(요일 4:21).

## 관계훈련이란?

사람은 관계의 존재입니다. 사람은 혼자서 살 수 없으며, 관계를
통하여 성장하고 발전합니다. 인간에게 나타나는 갖가지 미움,
분쟁, 싸움 등은 관계의 단절에서 오는 것입니다. 죄악이 들어오
는 순간 인간관계는 깨지고 서로의 사이는 불편해집니다. 하나
님과 원수된 것도 바로 하나님과 인간 사이에 관계 단절이 왔기
때문입니다. 하나님과 인간의 관계가 깨짐으로 인간과 인간, 인
간과 자연의 관계가 단절되었고, 그 때문에 인간에게는 죽음, 고
통, 불안, 시기, 질투, 싸움, 전쟁이 생겼습니다. 이렇게 볼 때 관
계 회복은 모든 것을 회복시키는 해결점이 됩니다. 죄로 인하여
하나님과 인간 사이가 단절된 것을 주님이 십자가에서 죽으심으
로 그 관계를 회복시키셨습니다. 이것은 모든 관계훈련의 지침

**03**

이 됩니다.

관계훈련은 공동체 훈련이면서 몸된 교회의 완성을 이루는 일입니다. 개인과 공동체와 자연의 관계가 균형 있게 회복되어야 합니다. 그렇게 되면 우리의 삶은 온전하게 됩니다. 어느 하나만의 관계가 회복되는 것으로는 안 됩니다. 하나님과 인간과 자연이 서로 균형 있게 회복될 때 하나님의 형상이 회복된다고 말할 수 있습니다. 물론 여기서 가장 먼저 해결해야 할 관계는 하나님과 인간관계입니다.

**방법**

1. 하나님과의 관계

―다음의 생활을 각자 점검하면서 하나님과의 관계를 회복하도록 합니다.

| 생활 | 세부내용 | 예 | 아니요 |
|---|---|---|---|
| 예배 | 1. 성수주일을 합니다. | | |
| | 2. 가정예배를 드립니다. | | |
| | 3. 예배시간에 하나님의 임재를 느낍니다. | | |
| 말씀 | 1. 정기적으로 경건의 시간을 갖습니다. | | |
| | 2. 성경연구반에 참여합니다. | | |
| | 3. 성경통독을 1년에 한 번씩 합니다. | | |
| | 4. 설교를 듣고 은혜를 받습니다. | | |
| 기도 | 1. 하루에 한 번씩 기도 시간을 갖습니다. | | |
| | 2. 기도생활 중에 타인을 위한 기도 시간을 갖습니다. | | |
| | 3. 정기적인 기도회 모임에 참석합니다.<br>(수요, 금요, 새벽기도회 등) | | |
| 전도 | 1. 주간에 주님을 전하는 삶을 살고 있습니다. | | |
| | 2. 현재 전도를 하고 있는 대상자가 있습니다. | | |
| | 3. 하나님의 영광을 드러내는 삶을 살려고 매일 노력합니다. | | |

• 각항에서 전부 "예"라고 할 수 없는 경우 ——→ 불량
• 1개 정도는 "예"라고 할 수 있을 때 ——→ 불안정
• 2개 정도는 "예"라고 할 수 있을 때 ——→ 양호
• 3개 정도는 "예"라고 할 수 있을 때 ——→ 대단히 양호

＊각 항에서 2개 이상 "예"라고 대답할 수 없을 때는 자신과 하나님과의 관계를 점검해 보아야 합니다.

1. 위 사항을 각자 점검한 후 자기의 이야기를 돌아가면서 발표합니다.
2. 구성원들이 가장 실천하기 어려워하는 것 한 가지를 선정합니다.
3. 그 이유를 서로 이야기합니다.
4. 위의 항목 중에서 그룹이 실천하기 위한 구체적인 실천 내용을 한 가지 정합니다.

## 2. 인간과의 관계

**이마 대기(무언의 교류)**
1. 두 명씩 짝을 짓습니다.
2. 서로 이마를 대고 눈을 감습니다.
3. 서로에 대해 잠시 묵상합니다.
4. 마친 뒤 서로의 느낌을 말합니다.
   (편안하였습니까? 불안하였습니까? 어색하였습니까?)
5. 이와 같은 방법으로 서로 등을 대기, 눈을 감고 옆에 누워 있기 등을 연결하여 할 수 있습니다.

## 경청 실습

1. 세 명이 한 그룹이 됩니다.
2. 각자 돌아가면서 다음의 내용으로 이야기합니다.
   ―자기 소개
   ―자신이 가장 중요하다고 여기는 것
   ―이웃은 나에게 있어 어떤 존재인가?
3. 이야기를 마쳤으면 서로 이야기한 내용을 다른 사람이 요약하여 모두에게 다시 이야기합니다.
4. 얼마나 잘 듣는 훈련이 되어 있는가를 점검합니다.

## 신뢰도

1. 여섯 명이 한 조가 됩니다.
2. 한 사람을 가운데에 세워 놓고 세 사람이 둘러섭니다.
3. 가운데에 있는 사람의 눈을 수건으로 가립니다.
4. 가운데 있는 사람이 뒤로 넘어지면 주위 사람들은 그 사람을 두 손으로 받아 다시 세웁니다. 그 과정을 3-4회 정도 계속 합니다.
5. 이때 주위 사람은 원을 너무 넓게 그리지 말고 좁게 밀착하여 밖으로 넘어지지 않게 합니다.
6. 한 사람씩 교대로 체험해 봅니다.
7. 자리에 앉아 서로의 느낌을 이야기해 봅니다.
   (얼마나 신뢰를 가지고 몸을 맡겼는가? 어떤 불안감이 들었는가? 왜 그런 불안감이 생겼는가?)

## 눈으로 대화

1. 모두 원으로 둘러앉습니다.

2. 돌아가면서 한 사람씩 눈을 마주치고 말없이 눈으로 대화를 나눕니다.
3. 마친 후 서로의 느낌을 나눕니다(가장 많이 대화를 나눈 사람은? 그 이유는? 어색하지 않았는가? 어떤 느낌을 받았는가? 대화한 내용은 무엇인가?).

## 3. 자연과의 관계

1. 잠시 자리에서 일어나 밖에 나가서 주위에 널려 있는 쓰레기, 오물 등을 봉지에 다섯 가지 이상 담아 옵니다.
2. 각자 자기가 수거한 내용물들을 소개합니다.
3. 소개가 끝났으면 다음의 내용을 가지고 함께 대화를 나눕니다.
   ─내용물 중에 평소 자신이 가장 많이 버렸던, 혹은 무심히 버렸던 물건은 어느 것이었습니까?
   ─버려지는 쓰레기는 우리 생활에 어떤 영향을 미치고 있습니까?
   ─자연과 인간 생활과는 어떤 관계가 있습니까?
4. 우리들이 각자 해야 할 일이 무엇인지 말하고 각자의 다짐을 이야기해 보십시오.

### 정리

하나님과의 관계, 이웃과의 관계, 자연과의 관계에서 평소 느끼지 못했던 자신의 모습은 어떤 것인지 생각하면서 찬양 1-2곡을 부르십시오. 잘못된 관계가 있다면 먼저 회개의 기도를 하고, 새로운 다짐의 기도를 서로 손을 잡고 합니다.

# 성경통독

| 말씀 | "이 예언의 말씀을 읽는 자와 듣는 자들과 그 가운데 기록한 것을 지키는 자들이 복이 있나니 때가 가까움이라"(계 1:3).

## 성경통독이란?

인간은 다른 동물과 달라서 영과 육으로 구성되어 있습니다.
이 중 어느 하나만 중요하게 생각하고 생활한다면 엄밀한 의미에서 인간이라고 볼 수 없습니다. 영과 육이 인간에게는 모두 필요하고 이것이 균형 있게 자라야 합니다.

육신을 지탱하기 위해서는 여러 종류의 음식물을 섭취해야 합니다. 비타민, 탄수화물, 무기물 등을 골고루 섭취했을 때 비로소 건강하게 자랄 수 있습니다. 우리는 아주 당연하게 거부감 없이 육신을 위해 음식을 섭취합니다. 아침에 일어나면 식탁 앞에 앉아 음식을 먹고, 순간순간 배가 고플 때에는 간식들을 찾아 섭취합니다. 이것은 아주 자연스러운 현상입니다.

영적인 면도 이와 흡사합니다. 영의 양식을 먹지 않으면 우리의 영은 자라지 않고 병들어 있는 사람처럼 무기력합니다. 영의 양식은 하나님 말씀입니다. 하나님께서는 말씀을 섭취할 수 있는 몇 가지 길을 마련해 주셨습니다. 그 중에서 가장 기초적인 것이 하나님 말씀을 듣는 것과 읽는 것입니다. 이것을 통해 영적으로 자라게 되어 건강한 그리스도인의 삶을 살게 됩니다.

성경은 하나님이 인간에게 마련해 주신 식탁과 같습니다. 하지만 인간은 영의 식탁을 거부하고 말씀을 받아먹으라는 부름에 순종하지 못하는 경우가 많습니다. 육적으로는 성인으로 성장해 있으면서도 영적으로는 아직도 어린아이 상태에 머무는 경우가 많으며, 오직 육체의 양식만을 위해 온 정성을 다하고 살아갑니다. 하나님의 말씀을 먹는 데에는 게으릅니다. 아니 익숙해 있지 않습니다.

그리스도인은 하나님의 말씀을 먹을 때 성장합니다(벧전 2:2; 히 5:11-14).

성경을 통독하는 것은 하나님이 마련해 주신 영의 식탁에 참여하는 것입니다. 자칫하면 편식하기 쉬운데 성경통독은 이런 면에서 편식의 위험을 제거해 줍니다. 나에게 위로를 주는 말씀 이외에도 경고와 책망을 주는 말씀도 같이 골고루 섭취할 때 튼튼하게 성장할 수 있습니다.

성경을 읽는다는 것은 말씀을 먹는 것이요, 하나님의 음성을 듣는 것입니다. 때문에 겸허하고 순종하는 자세로 하나님의 말씀을 읽는 것이 무엇보다도 중요합니다.


진행자를 위해

진행자는 도움의 글을 통해 성경통독의 이유와 필요성을 설명합니다. 그리고 나서 실제적인 방법을 제시합니다.

성경읽기표에 성경 구절이 소개되어 있으나 많은 사람들이 실제로 실천하기 어려워합니다. 진행자는 도움의 글을 통해 성경통

**04**

독의 이유와 필요성을 설명해야 합니다. 성경통독을 꾸준히 실천하려면 구체적인 방법을 제시해야 하며, 이와 함께 서로 격려하고 살펴야 합니다. 그렇지 않으면 중간에 포기하는 결과를 낳습니다.

익숙하지 않은 생활을 하루아침에 바꾸려면 많은 어려움이 있습니다. 때문에 이를 잊지 말고 계속 훈련해야 합니다. 하루를 시작할 때 아침식사를 자연스럽게 하듯이 하나님 말씀 읽는 것도 자연스럽게 율법적인 면에 사로잡혀 하지 않도록 유의함이 좋습니다.

아울러 성경책을 읽기 시작할 때 먼저 전체적인 책별 배경과 개관에 대한 내용을 간단하게나마 공부하고 들어가도록 합니다. 진행자는 다음의 진행방법에 따라 전체적으로 훈련한 후 각자 실시할 수 있도록 공동계약을 통해 구체적인 실천방법을 정하도록 합니다.

**자료 및 준비물**

1. 성경(활자가 크고 선명하며 파손되지 않은 것을 택한다. 될 수 있으면 통독용 성경을 따로 준비하는 게 좋다)
2. 필기도구(색연필, 펜)
3. 통독을 위한 노트('생명의 식탁'을 인쇄하여 노트를 만든다.)
4. 성경읽기표

**시간**

매일 정기적인 시간을 각자 정하도록 합니다. 처음부터 너무 많은 시간을 들이는 것을 삼가고 각자가 할애할 수 있는 여건대로 시작합니다.

시간은 최소한 아침, 저녁시간 두 번 정도는 해야 하나, 힘들 때에는 하루에 한 번 정하여 실시한 후 점차 넓혀 나갑니다. 시간은 하나님이 주신 것임을 잊지 말고 시간 배정을 하도록 합니다. 하루가 자유롭기를 원한다면 가장 먼저 진리 안에 거하는 시간을 하루의 계획 속에 포함해야 합니다.

> "너희가 내 말에 거하면 참 내 제자가 되고, 진리를 알찌니 진리가 너희를 자유케 하리라"(요 8:31-32).

### 방법(성경을 읽는 방법)

1. 먼저 성경통독용 성경과 성경읽기표, 필기도구, 노트 등을 준비합니다.
2. "말씀을 읽는 가운데 저자에게 계시하시고 감동하셨던 성령의 역사가 오늘 이 시간에도 있게 해 주시고 우리를 도와주시옵소서"라는 기도를 드린 후 조용히 하나님 임재에 대한 찬양을 합니다.
3. 성경을 읽습니다. 성경을 읽는 소리를 자신이 들으면서 하나님이 말씀하신다는 생각을 가지고 말씀을 듣는 자세로 읽어 나갑니다.
4. 나 이외의 다른 사람이나 기록된 당시 사람들에게만 해당된다는 생각을 버리고 오늘 나에게 현존하시어 나 자신에게 주시는 음성으로 받아들입니다.
5. 말씀을 있는 그대로 읽고 받아들입니다. 이해되지 않고 난해한 내용이 나오면 억지로 해석하거나 끼워 맞추려 하지 말고 그대로 읽습니다.

하나님은 점진적으로 말씀을 깨닫게 해주실 것입니다. 너무

## 04

성급하게 많은 것을 알려 하지 말고 이해되는 분량에서 순수하게 받아들입니다. 성경을 읽어 나가는 가운데 점차 깨달아지고 조명되어짐을 발견하게 될 것입니다. 계시해 주시는 한에서 받아들이는 순종의 자세가 매우 필요합니다. 위대한 사도 베드로도 잘 깨달을 수 없는 것은 솔직하게 고백한 것을 기억하십시오.

"또 그 모든 편지에도 이런 일에 관하여 말하였으되 그 중에 알기 어려운 것이 더러 있으니……"

6. 말씀을 읽어 나가면서 하나님이 나에게 특별히 말씀하시고 깨달음을 주시거나 마음이 머무는 구절에 색연필로 칠하면서 읽어 나갑니다(볼펜, 만년필은 좋지 않음).

7. 해당 성경말씀을 다 읽은 후에는 간단한 '생명의 식탁 일지'를 기록해 두면 후에 자기의 영적인 상태를 점검하게 되고, 새로운 깨달음을 얻게 될 것입니다. 그리고 다음에 다시 한번 영적 일기를 보면서 날마다 새로운 말씀의 신비로움과 오묘함을 경험할 수 있습니다.

8. 성경을 읽을 때는 신·구약을 같이 읽어 나가면 좋습니다. 가령 아침은 신약, 저녁은 구약으로 정해서 하루에 한 장 정도의 분량을 읽도록 계획합니다(읽기표를 사용하여서).

9. 마칠 때는 특별히 생각나는 구절을 다시 한번 마음에 새기고 감사의 기도와 찬양을 합니다(기억하고 싶은 구절 하나를 마음에 두면서 생활의 지침을 삼을 수 있습니다).

덧붙이면서

구체적인 실천 방법을 소개하면 다음과 같습니다.

1. 공동체가 같이 나눌 경우: 공동계약을 정하여 서로 조언자, 돌

보는 자가 되면서 격려하고 점검해주는 짝을 정하도록 합니다. 개인에게 맡겨두면 그냥 흐지부지되기 쉽고 사단의 유혹에 빠져 얼마 가지 못해 포기하기 쉽습니다. 그러므로 지도자는 규칙을 만들고 서로의 짝을 정해 전화나 만나는 때에 수시로 격려토록 하고 한 달에 한 번 정도는 전체가 모여 나눔의 시간을 갖도록 계획합니다(어느 정도 훈련이 될 때까지는 계속 공동계약 관계를 유지하도록 합니다).

2. 개인적인 경우: 집 안에서 잘 보이는 곳이나 하루에 한 번은 꼭 앉는 곳(책상 등)에 성경을 두십시오. 성경을 덮어 놓지 말고 읽은 부분까지 펴 놓으면 바쁜 생활 가운데 다시 한번 성경으로 돌아갈 수 있습니다. 아울러 성경읽기표를 문이나 늘 지나치며 볼 수 있는 곳에 붙여두어 매일 읽은 상태를 표시해 두는 것도 실천에 도움을 줍니다.

**04**

공동계약

1. ○○공동체는 하루에 두 번은 영적인 식탁에 참여하여 하나님의
말씀을 섭취한다.

2. ○○공동체는 서로의 영적 성장을 위해 하나님 말씀을 먹어야 함
을 잊지 말고 서로에게 관심을 갖고 격려한다.

3. '생명의 식탁 일지'를 매일 쓰고 그것을 한 달에 한 번의 모임에
서 서로 나눈다.

4. 이것의 실천을 위해 서로를 위해 한 번 이상 기도의 시간을 갖는
다.

5. 이것을 위해 하나님이 주신 나의 서로 돌봄 짝은(          )이다.


나는 위 사항을 준수할 것을 서약한다.

20     .     ,     ,

_____ 서명

〈성경통독용 노트 "예"〉

영혼의 식탁 일지

월     일     요일

· 오늘의 읽을 성경 ·

| 구분 | 책명 | 읽을 부분 |
|------|------|-----------|
| 구 약 |  |  |
| 신 약 |  |  |

· 읽을 장수 ·

| 구약 : | 장 | |
|---|---|---|
| 신약 : | 장 | 계 : |

· 오늘 나에게 주신 구절이나 단어 ·

(읽는 중에 특별히 마음에 와 닿고 하루 생활 가운데 기억하거나 암기하고 싶은 성경구절을 적습니다.)

· 느낀점 ·

# 소그룹대화기도

| 말씀 | "두세 사람이 내 이름으로 모인 곳에는 나도 그들 중에 있느니라"(마 18:20). "무엇이든지 원하는 대로 구하라 그리하면 이루리라"(요 15:7).

## 소그룹대화기도란?

로사린드 링커의 "대화식 기도"에 이 방법이 소개되고 있습니다. 현재 우리나라에서는 이런 기도가 거의 소개되지 못하고 있는데 앞으로 대화기도가 적극적으로 개발되어야 할 필요가 있습니다. 영성 훈련을 통해 이런 기도의 모습이 훈련되면 좋을 것입니다. 대화기도는 소그룹의 기도 모임이나 소그룹별로 하는 성경공부 모임에 유익합니다. 대화기도는 어떤 수사구나 미사여구가 없는 솔직한 기도로서 있는 모습 그대로를 하나님께 아뢰는 직접적인 대화 기도입니다. 간단하면서도 분명하고 솔직한 기도입니다. 특히 중보기도를 드릴 때 사용되는 것으로 한 사람을 위해 모든 지체가 같이 드리는 방법으로 사용하면 적합합니다.

대화기도는 한 사람 혹은 하나의 주제에 대해 이야기하고, 그것에 대한 동의와 덧붙이는 말로 구성되었습니다. 연결기도의 방식을 취하고 있습니다.

말 그대로 대화 형태로 서로를 위해 자연스럽게 기도하는 것인데, 잘 훈련되면 깊은 기도의 세계에 들어갈 수 있습니다. 이 기도는 자주 모이는 친교 그룹이나 어떤 목적을 가지고 모여 봉사하는 소그룹 부서 또는 가정공동체에서 부모와 자녀가 같이 기도모임을 갖는 데 적합합니다.

이 기도를 드리기 위해서는 먼저 서로를 잘 이해하고 어색함이 어느 정도 해소된 상태에서 하는 게 좋습니다. 그렇지 못하면 어색하여 제대로 서로를 위해 기도 드리기가 어렵습니다. 한 사람을 위해 합심 기도를 할 경우 자칫하면 정말 필요한 핵심적인 기도를 드리지 못하고 겉도는 경우가 생길 수 있습니다.

성경공부, 언약그룹, 중보그룹, 가정 기도모임 등에서 나름대로 응용하여 실시하면 기도의 기쁨을 체험할 수 있습니다. 처음 기도하는 사람에게는 이 기도가 힘들 수 있기 때문에 어느 정도 기도훈련이 된 사람들의 모임에서 실시하면 좋습니다. 그러나 때에 따라서는 처음 시작하는 모임에서 쉽게 적용하면 오히려 자연스럽게 기도를 배울 수 있어 앞으로 기도생활을 하는 데 좋은 지침이 될 수 있습니다.


준비물 성경, 찬송, 기도 제목을 쓴 노트.

방법

1. 먼저 그룹원들이 원으로 둘러앉아 서로 간단한 소개와 인사를 나눕니다.

2. 선택된 기도요청자가 기도 제목과 지금 처해 있는 여러 가지 상황들을 그룹원들에게 이야기합니다.

3. 진행자는 해당되는 도움의 말씀을 읽어주고 같이 생각합니다.

4. 모두 손을 잡고 눈을 감습니다.

5. '하나님의 성품' 에 대한 찬송을 한 곡 부릅니다. 모두 아는 쉬운 곡으로 선택하는 게 좋습니다.

6. 진행자는 선택된 기도요청자의 이름을 말하고 기도제목을 다시 말해 주고 함께 기도를 시작합니다.

7. 대형은 탁자 주위를 둥글게 둘러 있는 형태가 좋습니다.

8. 기도는 순서대로 돌아가면서 해도 좋고, 순서 없이 자유롭게 해도 좋습니다.

9. 일반적인 기도의 전체적인 순서는 다음과 같이 합니다.

   1) 하나님의 임재와 찬양 하는 기도

   2) 죄의 고백과 용서를 구하는 기도

   3) 필요한 것을 구하는 기도

   4) 감사와 확신의 기도

10. 될 수 있으면 원을 좁혀서 서로 말소리를 들을 수 있고 친밀감이 넘치는 간격을 유지합니다.

11. 상황에 따라 앉아서 무릎을 꿇든지 서서 기도할 수 있습니다. 손은 서로 겹쳐서, 혹은 앞으로 들고 뒤로 감싸는 방법, 손을 잡은 채로 높이 드는 방법 등 다양한 방법으로 합니다.

12. 기도는 어느 한 사람이 너무 길게 하지 않도록 하고 짤막한 문장으로 합니다. "예수님의 이름으로 기도합니다"는 나중에 하고 어떤 개인을 위해서나 공동체를 위한 기도일 때 그 사람이나 공동체의 이름을 붙여 기도하도록 합니다.

13. 한 사람이 끝났으면 다음 사람이 기도하고, 앞의 방법을 같은 순서로 계속 진행합니다.

14. 마칠 때는 한 사람이 대표기도와 주기도문으로 마무리합니다.

15. 될 수 있으면 겹치는 내용을 삼가고 필요한 기도를 드리도록
    힘쓰면서 구체적으로 기도하는 것이 좋습니다.


〈 대화 기도의 예 〉
기도제목 : 믿음이 부족한 A를 위해


기도자1: 하나님, 감사와 찬양을 드립니다.
기도자2: 오늘 이 시간 하나님이 함께하심을 믿습니다.
기도자3: 함께 기도하게 하심을 감사합니다.
기도자4: 함께 기도하면서 서로를 사랑하는 시간이 되게 하소서.
기도자A: 저의 믿음이 부족한 것을 도와주소서. 굳센 믿음을 가
        져 주신 사명을 잘 감당하게 하소서.
기도자1: A의 기도를 들어 주소서.
기도자2: A를 교사로 삼아 하나님의 비밀을 전하는 자로 세우셨
        으니 감사합니다.
기도자3: A가 굳건한 믿음을 갖도록 도와주소서.
기도자4: 시험과 유혹에 빠지지 않도록 도와주소서.
기도자1: 세상의 정욕과 물질의 유혹에 빠지지 않게 하소서.
기도자2: 말씀과 기도에 충만하게 하소서.
기도자3: 좋은 주위 사람을 허락하시어 믿음을 돕게 하소서.
기도자4: 우리의 기도를 들어 주심을 믿고 감사드립니다.
기도자A: 저를 불쌍히 여기시옵소서.
기도자1: 우리의 모든 기도를 예수님의 이름으로 기도드립니다.
모두 : 아멘.

# 06

# 말씀 찬양

| 말씀 | "시와 찬미와 신령한 노래들로 서로 화답하며 너희의 마음으로 주께
노래하며 찬송하며" (엡 5:19).

## 말씀 찬양이란?

우리가 사용하고 있는 찬송가에는 복음 찬송이 많이 수록되어 있
습니다. 오랫동안 사용되다 보니 공중 예배시에도 거부감 없이
찬송가로 사용되는 곡들이 많이 있습니다. 사실 우리가 사용하
는 찬송가는 이미 복음 성가가 포함된 것입니다. 후렴곡이 들어
있는 찬송가는 대부분 복음 성가였던 것을 찬송가에 편입한 것입
니다.
찬송가에는 성경 말씀으로 되어 있는 찬송들이 있습니다. 이것을
말씀 찬양이라고 말합니다. 말씀에 곡을 붙여서 찬송가로 사용하
는 것인데 말씀과 찬양을 일치시키는 면에서 좋습니다.

준비물  찬송가 안에 있는 말씀 찬양과 복음 찬양

**방법**

1. 말씀을 가지고 찬양곡을 만든 곡을 선별합니다.

2. 말씀을 읽고 나서 그 말씀을 가지고 찬송을 합니다.

3. 찬양을 통하여 자연스럽게 말씀 암송이 되는 유익이 있습니다.

4. 찬양을 반복하여 부르면서 말씀을 묵상하면 도움이 됩니다.

5. 찬송을 마친 후에 말씀 찬양을 통해 얻은 유익을 나누도록 합니다.

6. 자료를 미리 준비하여 함께 찬양하도록 합니다.


〈성경말씀을 가지고 가사를 만든 찬양 예〉

1. 새롭게 하소서―전도서1:9, 고린도후서 5:17

2. 나의 반석이신 하나님―신명기 32:3-4

3. 저 높은 보좌에―빌립보서 2:9-10

4. 그를 향하여―요한일서 5:14-15

5. 시와 찬미―에베소서 5:19

6. 예수 안에서 우리 화목됐네―로마서 5:10

7. 사랑―고린도전서 13장


〈시편을 가지고 만든 찬양 예〉

1. 해뜨는 데부터―시편 113:1-3

2. 이 날은 이 날은―시편 118:24

3. 우리에게 향하신―시편 117:1-2

4. 내가 산을 향하여―시편 121:1-2

5. 내가 만민 중에―시편 57:9-11, 108:3-5

6. 나의 입술의 모든 말과―시편 19:14

**06**

# 홀로 있는 시간

| **말씀** | "자리에 누워 심중에 말하고 잠잠할지어다"(시 4:4).

## 홀로 있는 시간이란?

인간의 삶은 공동체 속에서의 삶인 동시에 철저히 혼자의 삶이기도 합니다. 하나님 앞에서 인간은 언제나 홀로 있는 존재입니다. 함께 사는 사회지만 어울림이 끝나면 결국 혼자 있게 됩니다. 침묵만이 남습니다. 침묵은 내면적인 개인의 시간입니다. 그러나 침묵을 단순히 말을 하지 않는 것이라 여기면 잘못입니다. 본 회퍼는 "침묵은 말없는 것과는 다르고 말은 지껄이는 것과는 같지 않다. 말이 있다고 홀로 있는 것이 아니요 지껄인다고 사귐이 성립되는 것이 아니다"라고 말했습니다.

이것은 침묵의 올바른 정의를 말해주고 있다고 볼 수 있습니다. 홀로 있는 시간은 결국 침묵의 순간입니다. 사실 말을 하고 있지 않음에도 수많은 말을 지껄이는 사람이 많습니다. 우리의 침묵

**07**

이 이런 침묵이 되어서는 안됩니다. 침묵할 때 오히려 번민과 고뇌 속에 빠진다면 긴장과 불안을 초래할 뿐입니다.

그리스도인의 침묵은 세상의 침묵과는 다릅니다. 아무것도 듣지 않기 위해 있는 침묵이 아니라 말씀을 듣기 위해 조용히 있는 침묵이기 때문입니다.

어른이 말씀하실 때 떠드는 아이가 없습니다. 만일 떠든다면 그 아이는 무례한 것입니다. 마찬가지로 하나님의 말씀을 들을 때는 하나님을 경외함으로, 또 말씀을 받아들이기 위해 침묵해야 합니다.

하루의 긴장된 생활 속에 조용히 말씀을 듣기 위해 홀로 있는 시간이 필요합니다. 우리가 침묵할 때 하나님은 말씀하십니다. 가장 중요한 때일수록 조용한 침묵의 시간이 있어야 합니다. 예수님도 가장 위대하고 중요한 십자가를 지시기 전에 겟세마네 동산에서 고독의 시간을 가졌고(마 26:26~40), 또 열두 제자를 뽑기 전에 광야의 동산에서 하룻밤을 혼자 지내셨습니다(눅 6:12).

이것은 결코 어떤 도피가 아닌 새 힘을 얻기 위한 하나님과의 교제입니다. 우리는 이런 시간을 정기적으로 공동체 속에서, 혹은 개인적으로 가져야 합니다. 그리고 침묵의 시간을 갖는 법을 훈련해야 합니다.


**준비물** 필기도구, 성경, 자료문

**방법**

1. 소그룹으로 모여 다음과 같은 내용의 물음에 자기의 느낌을 적고 서로 나눔의 시간을 가집니다.

—물음

1) 나는 다른 사람과 대화할 때 듣는 편에 속합니까, 말하는 편에
속합니까?

---
---

2) 말을 많이 하는 편이라면 왜 그렇다고 생각합니까?

---
---

3) 하루의 생활 중에 말하지 않는 때는 어느 때입니까? 그리고 그
때는 무엇을 생각하고 어떤 일을 합니까?

---
---

4) 일 년의 생활 중에 나만의 시간을 얼마나 계획하고 있습니
까?(횟수, 시간, 장소)

---
---

5) 주님의 음성을 들은 경험이 있습니까? 있다면 어느 때였습니
까?(내가 말할 때였습니까, 아니면 조용히 있거나 남의 이야기를
듣고 있는 때였습니까?)

---
---

**07**

2. 예수님이 어떤 경우에 홀로 있는 시간을 가졌는지 다음의 성
   경을 찾아봅시다.
   —마태복음 26:36-46
   —누가복음 6:12
   —마가복음 1:35

3. 혀의 사용에 대한 다음의 성경을 찾아봅시다.
   —레위기 19:16
   —출애굽기 20:16
   —시편 50:20-21
   — 잠언 11:13
   —잠언 15:28
   —잠언 17:9
   —에베소서 4:29
   —야고보서 3:3-10

4. 인도자는 도움의 글에 나와 있는 내용을 요약하여 침묵의 이
   유에 대해 설명해 줍니다.

5. 모든 지체들은 10분 동안 홀로 있는 시간(침묵)을 갖습니다.
   이때 각자 자기의 할 일을 찾아서 하도록 합니다.(예: 말씀 읽
   기, 성서 외우기, 기도, 기도문 쓰기, QT 등)

6. 시간이 되면(시간 종료는 시간을 정하여 자연스럽게 모이도록
   합니다.) 모여서 서로가 느꼈던 경험들을 나누십시오.

7. 모두에게 다음의 자료문(침묵과 홀로 있는 시간 계획표)을 작성하게 하고 아울러 "공동체의 삶 속에서 나의 혀의 사용수칙"을 함께 작성하여 앞으로의 삶 속에서 실천하도록 합니다.

〈자료문 1〉

침묵과 홀로 있는 시간 계획표

1) 시간:
(예: 아침, 저녁, 출퇴근 시간, 잠자리에 든 후, 새벽기도 후 등)

_____

2) 장소:

_____

3) 소요시간:

_____

4) 침묵의 시간 동안에 할 일은?

_____

_____

5) 실시방법(현실적인 시간계획)

_____

_____

〈자료문 2〉

## 나의 공동체의 삶 속에서 혀의 사용

1)

2)

3)

4)

5)

8. 매일의 삶 속에서, 혹은 일 년 중 특별한 날에 조금씩이라도 나
   홀로 있는 시간을 갖도록 함께 격려하고 이를 위해 합심하여
   기도합니다.

---

# 08

# 중보기도

| 말씀 | "내가 너희를 생각할 때마다 나의 하나님께 감사하며 간구할 때마다 너희 무리를 위하여 기쁨으로 항상 간구함은 첫날부터 이제까지 복음에서 너희가 교제함을 인함이라"(빌 1:3-5).

## 중보기도란?

본훼퍼는 중보기도에 대해 이렇게 말했습니다. "중보기도는 형제를 하나님 앞으로 이끌어다 예수의 십자가 앞에 세워놓고 그를 가련한 사람, 죄인, 은총이 필요한 사람으로 보는 것을 말한다. 그리하면 나를 그에게서 멀리하는 모든 것은 사라지고 나는 그를 아무것도 없는 곤궁한 자로 보게 된다. 그의 곤궁함과 죄는 나의 어깨를 무겁게 누르다 못해 그것은 내 것같이 된다. 그래서 우리는 다음과 같이 기도할 수밖에 없다. '주여 당신이, 아니 당신만이 몸소 그 준엄하심과 자비로우심을 따라 그를 돌보아 주소서.' 중보기도를 드린다는 것은 우리가 그리스도 앞에 설 수 있고 그의 자비를 받을 수 있는 그 같은 권한을 나의 형제에게도 용인할 수 있는 것을 말한다."

우리 주님은 원수를 사랑하고 핍박하는 자를 위해 기도하라고 가르치십니다. 원수를 위해 기도하기는 힘듭니다. 그러나 예수님의 십자가 앞에 세워 놓고 기도할 때는 가능합니다. 그 앞에서는 모두가 죄인이고, 높고 낮음이나 핑계가 없기 때문입니다. 남을 위해 기도한다는 것이 쉬운 일이 아닙니다. 더군다나 좋아하지 않고 나와 상관없다고 느껴지는 사람을 위해서 중보기도를 한다는 것은 어려운 일입니다. 그러나 우리의 기도는 여기까지 나가야 합니다. 중보기도는 기도의 꽃입니다. 깊은 기도생활을 한 사람이나 영적으로 성숙한 사람은 늘 이런 기도생활을 합니다. 자기를 위한 기도보다 남을 위한 기도를 하게 될 때 자기 욕망과 이기심에서 벗어날 수 있습니다. 예수님은 자신을 위한 기도보다 남을 위한 기도, 즉 우리 인간들을 위한 기도를 훨씬 많이 하셨음을 우리는 잘 알고 있습니다.

> "그러므로 자기를 힘입어 하나님께 나아가는 자들을 온전히 구원하실 수 있으니 이는 그가 항상 살아서 저희를 위하여 간구하심이니라"(히 7:25).

예수님은 지금도 살아계셔서 우리를 위하여 기도하시고 계십니다. 이것을 믿을 때 우리는 감사하지 않을 수 없습니다. 성령께서도 우리를 위하여 친히 간구하고 계십니다(롬 8:26-27). 이것은 한편으로 우리의 기도방향을 제시해주고 있기도 합니다. 이웃과 남을 위해 기도한다는 것은 우리의 신앙의 정도를 알려주는 좋은 검증의 방법이 되기도 합니다. 우리는 중보기도 생활을 통해 더 많은 기도의 능력과 역사를 체험할 수 있습니다. 나의 기도를 필요로 하는 이웃이 너무나도 많이 있음을 잊지 말고, 형제를 사랑하는 마음만큼 그를 위한 기도를 더욱 많이 해야 할 것입니다.

**08**

준비물 : 성경, 찬송, 필기도구, 기도카드, 중보기도 자료문

**방법**

1. 한 목소리로 시편 42편을 크게 읽으면서 기도합니다.

2. 찬송 '좋으신 하나님'을 함께 부릅니다.

3. 진행자가 간단히 시작 기도를 합니다.

4. 구성원들이 모여 다음과 같은 질문을 함으로 중보기도에 대한
   생각들을 서로 나눕니다.

> 1) 현재 중보기도를 하고 있습니까? 있다면 누구를 위해서입니까?
>
> 2) 언제 어떤 내용을 가지고 합니까?
>
> 3) 중보기도를 하는 데 어려운 점은 무엇입니까?
>
> 4) 중보기도를 하고 있지 못하면 그 이유는 무엇 때문입니까?

5. 성경에 나와 있는 중보기도의 예들을 성경을 찾아 그룹별로,
   혹은 개인별로 읽도록 합니다.

> 〈성경에 나오는 중보기도의 실례〉
>
> 1) 모세의 중보기도 : 출애굽기 32:31-32, 34:9
>
> 2) 다윗의 중보기도 : 역대상 29:18-19
>
> 3) 솔로몬의 중보기도 : 열왕기상 8:29, 38-39
>
> 4) 다니엘의 중보기도 : 다니엘 9:4, 17-19
>
> 5) 바울의 중보기도 : 에베소서 3:14-19
>
> 6) 아브라함의 중보기도 : 창세기 18:23
>
> 7) 에스라의 중보기도 : 에스라 9:6
>
> 8) 예수님의 중보기도 : 요한복음 17장
>
> 9) 베드로를 위한 교회의 중보기도 : 사도행전 12:1-12

6. 인원이 많으면 그룹으로 만들어 한 사람의 리더를 정하고 간단하게 자기소개를 합니다.

7. 기도카드를 모두에게 나눠 줍니다.

8. 진행자는 서로를 위해 기도해야 하는 기도 공동체임을 재확인시켜 주고 카드 위에 자기의 이름을 적고 일주일 동안 기도해 주었으면 하는 기도제목들을 적습니다.

<br>

〈기도카드 예〉

—이름 :

—기간:

—기도제목:

   1)

   2)

<br>

9. 진행자가 기록한 기도카드를 모두 모아서 골고루 섞은 후에 다시 자유롭게 한 장씩 나눠 가집니다(자기 것은 피하도록 합니다).

10. 만일 자기가 원하지 않는 사람의 기도카드를 받았을 때라도 그것을 서로 기도할 수 있는 더 없이 좋은 기회로 알고 잘 수용하도록 진행자는 설명해줍니다.

11. 자기가 가진 카드 내용을 읽고 그 자리에서 함께 3분 정도 그 사람을 위해 묵상 기도를 합니다. 이때 일주일 동안 이 사람을 위해 기도할 수 있는 마음과 사랑 그리고 환경을 달라는 도움 기도를 합니다.

12. 기도카드를 일주일 동안 휴대하면서 날마다 시간을 정하여 서로를 위해 기도를 합니다.

**08**

13. 함께 기도하고 싶은 내용이 있으면 제목을 나눈 뒤에 합심 기도시간을 갖습니다. 통성으로 기도하고 한 사람이 대표로 기도하는 방법으로 한 사람씩 계속하여 기도합니다.

---

〈공동적인 기도제목의 예〉

1) 낙도(섬) 선교를 위해

2) 선교지를 위해, 선교사를 위해

3) 나라와 교회를 위해

4) 감옥에 갇힌 자를 위해, 소외된 자를 위해

5) 교회가 세상에서 소금과 빛의 사명을 감당하기 위해

---

〈성경에서 구체적인 제목으로 나온 중보기도의 예〉

1) 후계자를 위한 모세의 기도(민 27:15-17)

2) 고국을 향한 다니엘의 기도 (단 9:3-19)

3) 신앙 부흥을 위한 하박국의 기도(합 3:1-15)

4) 소돔을 위한 아브라함의 기도(창 18:23-33)

5) 성전 헌당기도와 회중을 위한 솔로몬의 축복기도(왕상 8:23-61, 대하 6:14-42)

6) 백성을 위한 모세의 기도(민 14:13-19)

---

14. 기도 드릴 때는 여러 형태의 모습으로 드리도록 합니다(침묵, 개인, 합심, 통성, 대화기도 등).

15. 전체적인 중보기도 시간을 공동으로 정하여 하루 중 그 시간에는 어디서나 기도할 수 있도록 해도 좋습니다.

16. 기도카드는 다시 만나는 모임 때 휴대하도록 하여 응답 여부

를 뒷면에 표시하여 보관하고, 계속 기도하고 싶은 내용을 서로 나눕니다. 이와 같은 방법으로 중보기도의 시간을 계속 가집니다.

〈내가 중보기도해야 할 사람〉

| 이름 | 기도 내용 |
|---|---|
|  |  |
|  |  |
|  |  |
|  |  |
|  |  |
|  |  |
|  |  |
|  |  |
|  |  |
|  |  |
|  |  |
|  |  |
|  |  |
|  |  |
|  |  |
|  |  |

# 찬송기도

| 말씀 | "이러므로 우리가 예수로 말미암아 항상 찬미의 제사를 하나님께 드리
자 이는 그 이름을 증거하는 입술의 열매니라" (히 13:15).

## 찬송기도란?

찬송기도는 찬송으로 기도하는 것입니다. 잘 아는 찬송을 매일
한 장씩 선택하여 3단계로 훈련을 합니다. 특히 성경 읽기, 성경
공부, 말씀묵상 시에 적용하여 사용할 수 있습니다. 될 수 있으면
가사를 외워서 평상시에 찬송가를 보지 않고 생활 속에서 실천하
도록 하는 것이 좋습니다. 찬송가 테이프를 틀어 놓고 같이 따라
부르면서 일처에서 적용할 수 있으면 더욱 좋습니다.

**준비물** : 찬송가, 기도노트, 필기도구
**방법**
－1단계 : 가사를 천천히 읽습니다(기도하는 마음으로 가사의 의
미를 새기면서 하되 가능하면 가사를 외우도록 합니다).

—2단계 : 의미를 생각하며 두세 번 정도 계속 부릅니다.

—3단계 : 찬송가의 가사로 나의 기도문을 만들어 기도합니다.

찬송가 해설을 곁들이면 더욱 은혜가 됩니다.

〈실제 예 1〉

나 맡은 본분은(찬송가 372장)

—1단계 : 가사를 읽습니다.

1. 나 맡은 본분은 구주를 높이고
   뭇 영혼 구원 얻도록 잘 인도함이라
2. 부르심 받들어 내 형제 섬기며
   구주의 뜻을 따라서 내 정성 다하리
3. 주 앞에 모든 일 잘 행케 하시고
   이후에 주를 뵈올 때 상 받게 하소서
4. 나 항상 깨어서 늘 기도드리며
   내 믿음 변치 않도록 날 도와주소서

─2단계 : 뜻을 생각하며 기도하는 마음으로 찬송합니다(몸 찬양을 곁들이면 더욱 좋습니다).

**09**

〈예〉

자비로우신 주님!

· 저에게 맡겨 주신 교회의 직분(교사, 제직, 임원)이 오직 구주를 높이고 영혼을 구원하는 데 효과적으로 쓰이는 아름다운 도구임을 깨닫게 하소서!

· 하나님의 자녀인 형제들을 내 몸과 같이 섬기고 주님이 섬기라 하신 뜻을 따라 온 정성을 다하여 섬기는 사람이 되게 하소서!

· 저에게 주어진 여러 일들을 잘 행케 하시고 이후에 주님 만나뵈올 때 칭찬받게 하소서!

· 언제나 깨어서 기도에 항상 힘쓰게 하시고 나의 믿음이 변치 않도록 주의 성령님이 늘 도와주시옵소서!

예수님의 이름으로 기도합니다.  아멘.

─3단계 : 기도문을 만들어 기도합니다.

(손과 몸짓을 뜻에 맞도록 표현합니다)

1. 구주를 높이고─손바닥을 위로 하여 높이는 모습
2. 내 형제를 섬기며─두 팔을 동그랗게 안아 주는 모습
3. 이후에 주를 뵈올 때─얼굴을 하늘을 향하여 쳐들고 두 손을 높이 든 모습
4. 늘 기도 드리며─기도하는 모습

〈실제 예 2〉

내 주를 가까이 하게 함은(찬송가 364장)

―제1단계 : 가사를 읽습니다.

> 1. 내 주를 가까이 하게 함은 십자가 짐 같은 고생이나
> 내 일생 소원은 늘 찬송하면서 주께 더 나가기 원합니다.

―제2단계 : 뜻을 생각하면서 찬송합니다.

> 일어서서 눈을 감고 주님께 맡기는 표현으로 두 손을 높이 들고 찬송한다.

―제3단계: 기도문을 만들어 기도합니다.

> 사랑의 주님!
> 제가 주님을 가까이 하는 것은 십자가 짐 같은 고생과 핍박의 길이지만 내 일생의 소원은 그 속에서도 언제나 찬송하면서 살기를 원하고 그럼으로써 더욱더 주께 가까이 가길 원합니다.
>
> 예수님 이름으로 기도합니다. 아멘.

## 10

# 듣고 말하는 기도

| 말씀 | "여호와여 말씀하옵소서 주의 종이 듣겠나이다." (삼상 3:9)

## 듣고 말하는 기도란?

이 기도 방법은 수세기에 걸쳐서 교회 안에서 사용된 방법으로 말씀과 기도가 일치하는 것을 목표로 합니다. 이 기도는 성경 읽기─묵상─기도 세 부분으로 되어 있습니다. 이것은 개인적으로도 가능하고 공동체적으로도 가능한 방법입니다. 여기서는 앞부분에 하나님의 임재하심 부분을 첨가하여 약간 응용하여 공동체 훈련을 해보도록 합니다.

**준비물** : 성경, 백지, 필기도구
**환경** : 될 수 있는 한 소음의 방해를 받지 않는 조용한 곳이 좋습니다.
**대형** : 각자 벽을 향하게 하고 무릎을 꿇고 앉습니다.

**방법**

**─1단계 : 하나님의 현존 느끼기**

묵상과 기도에 들어가기 전 오늘도 이 자리에 임재하시고 임마누엘 하신 하나님을 느끼는 순간입니다. 하나님의 품성이신 성령의 9가지 열매들을 눈을 감고 마음속으로 그리면서 하나님의 모습을 이 자리에서 느끼도록 합니다. 어느 정도 시간이 지나면 "임마누엘" 찬양을 함께 부릅니다.

**─2단계 : 성경 읽기**

성경 중 짧은 몇 구절을 지체장이 선택하여 읽게 합니다. 가능하다면 시편의 구절이 좋습니다. 그리고 종이 위에 해당 구절이 크게 보이도록 기록합니다. 이것을 따라 읽고, 교독, 함께 읽는 방법 등으로 몇 번 읽습니다.

(시 23편, 27:1)

**─3단계 : 말씀의 내용을 조용히 묵상합니다.**

묵상을 할 때는 입으로 읽으면서 마음으로 묵상합니다. 해당 구절을 몇 번이고 마음에 와닿을 때까지 읽습니다. 그리고 이 말씀이 나의 일부가 되도록 순종하면서 받아들입니다. 계속 말씀을 반복하면서 말씀을 의지하고 그 말씀이 나를 주장하게 자신을 계속 내어 드립니다.

─4단계 : 기도합니다.

예를 들어 시편 27:1을 읽고 묵상했다면 "여호와는 나의 빛, 나의 구원 , 나의 능력이십니다." "오, 주여 내가 누구를 두려워하리이까?"라고 일단 내용을 요약하듯 읽습니다. 그리고 이것을 다시 나의 말로 바꾸어 기도할 수 있습니다.

"주님! 저는 빛이신 주님을 가까이 한다고 하면서도 어둠 속에 살고 있습니다. 생명이신 주님을 믿으면서도 죽음을 두려워하는 삶을 살아가고 있습니다. 나의 구원이신 주님이 늘 함께하는 데도 어려움에 빠지지 않을까 걱정하고 있습니다.

주여! 왜 이런 어려움이 다가옵니까? 왜 두려움이 끊임없이 생기는 것입니까? 아직도 주님이 나에게 있어 빛 되시고 구원되시고 생명 되심을 믿지 못하는 것 아닙니까?

주여, 저를 도우소서. 오직 주님만을 두려워하며 주님을 의지하게 하소서. 주님을 두려워하는 것이 곧 주님만을 의지하는 것임을 깨닫게 하소서.

제언

하나님의 깊은 사랑에 들어가면서 영의 기도를 하도록 합니다. 될 수 있으면 기도는 짧게 하십시오. 자연스럽게 생각나는 언어를 쓰십시오.

문장이 짧아지면 순수함에 더 가까워질 수 있습니다. 가식을 버리고 말씀이 주시는 은혜대로 자연스럽게 그리고 평안하게 기도하십시오. 말씀과 기도가 하나됨을 경험하는 데 도움이 됩니다.

## 영성훈련 11

# 식탁의 사귐

| 말씀 | "저희와 함께 음식 잡수실 때에 떡을 가지사 축사하시고 떼어 저희에게 주시매 저희 눈이 밝아져 그인 줄 알아보더니 예수는 저희에게 보이지 아니하는지라"(눅 24:30-31).

## 식탁의 사귐이란?

본훼퍼는 식탁의 사귐을 세 가지로 말합니다.

1) 날마다 가지는 식탁의 사귐.

2) 거룩한 성만찬 식탁의 사귐.

3) 하나님 나라에서 가지는 마지막 식탁의 사귐.

여기서 제시하고자 하는 것은 날마다 가지는 일용할 양식으로서 식탁의 사귐입니다. 일용할 양식은 하나님이 우리에게 주신 것입니다. 다시 말하면 선물로 주신 것으로, 주인은 하나님이십니다. 식탁을 대하기 전 우리가 먼저 하나님께 감사하는 이유도 여기에 있습니다.

식탁에 둘러앉은 그리스도인의 사귐은 축제와도 같은 경축의 의

**11**

미가 있습니다. 매일 먹여주시고 육체를 강건케 하시는 하나님을 찬양하고 감사하면서 누리는 즐거운 잔치입니다. 특히 하루의 일과를 마치고 대하는 저녁의 식탁이나 일을 마친 후에 갖는 식탁의 교제는 즐겁고 행복한 순간입니다. 이사야 58:7에 "주린 자에게 네 식물을 나눠주며" 또 야고보서 2:15에는 "만일 형제나 자매가 헐벗고 일용할 양식이 없는데 너희 중에 누구든지 그에게 이르되 평안히 가라 더웁게 하라, 배부르게 하라 하며 그 몸에 쓸 것을 주지 아니하면 모든 유익이 있으리요" 하고 말씀하고 있습니다.

식탁을 중심으로 서로 덕을 나누며 함께 감사의 기도와 말씀을 나누는 것은 그리스도인에게 필요한 사랑의 교제의 모습이라 할 수 있습니다.

**준비물** : 뷔페로 준비된 음식, 후식(형편에 따라), 성경, 기도문
(식탁기도문)

**방법**

1. 일정한 시간을 택하여 식사를 함께 하되 그냥 하는 것이 아닌 영성훈련 차원에서 사전에 계획하여 실시합니다.
2. 인원은 소그룹 형태가 좋습니다.
3. 원형으로 된 식탁을 준비합니다.
4. 음식은 같이 나누어 먹을 수 있는 것으로 합니다.
5. 함께 나누었으면 음식을 앞에 놓고 다같이 다음의 기도문을 읽으면서 기도합니다.

"주 하나님! 우리를 축복하소서. 그리고 당신의 너그러운 자비로 우리 주 예수 그리스도를 통하여 우리에게 주시는 당신의 이 선물 (음식)을 축복하옵소서. 예수님의 이름으로 기도합니다. 아멘"

—루터의 식탁 기도문

6. 마친 후에는 다같이 사도신경으로 신앙고백을 합니다.

7. 한 사람이 다음과 같이 대표로 기도합니다.

"자비로우신 하나님, 오늘도 이 자리에 임재해 주셔서 우리의 주인이 되어 주소서. 이 음식을 우리에게 허락하신 주님께 감사를 드립니다. 오늘의 이 사귐의 잔치를 통해 우리들이 주님과 연결되어 있는 서로의 지체임을 느끼게 하옵시고 서로의 부족함을 나눠 갖게 하옵소서.

주님이 허락하신 이 음식을 감사히 들면서 더욱더 우리의 사랑을 나누게 하소서. 특히 이 음식을 통해 생명의 참 양식을 아울러 깨닫게 하시어 영원히 배부르는 축복 속에 살게 하옵소서. 우리들의 관계가 영으로만 하나 되는 것이 아닌 우리의 몸 전부를 가지고 끊을 수 없는 사랑 안에 누리는 사귐의 관계가 되게 하소서

어느 누구 한 사람이라도 양식을 가지고 있는 한 우리는 서로 배부를 수 있음을 알게 하소서. 지금 이 시간에도 일용할 양식이 없어 굶주리는 이웃을 생각하는 시간이 되게 하소서. 주께서 그들을 위로하소서. 감사하며 예수님 이름으로 기도합니다. 아멘."

8. 기도를 마친 후에는 음식을 같이 먹습니다. 될 수 있으면 즐거운 마음으로 식사하며 교제를 나눕니다.

9. 식사 후에 간단한 후식, 즉 과일이나 차를 준비하면서 하루의 일과에서 일어난 이야기나 지금까지 베풀어주신 하나님의 은혜를 느낄 수 있도록 합니다.

10. 후식 시간이 끝났으면 음식을 치우고 식탁에 둘러 앉아 다음의 성경을 읽고 은혜를 나눕니다.

　—말씀: 요한복음 6:1-13

　—나눔:

　　1) 만약 어린아이가 자기만 먹고 나누지 않았다면 어떤 일이 일어났을까요?

　　2) 이것이 우리에게 주는 교훈은 무엇입니까?

11. 함께 돌아가면서 한마디씩 마침기도를 합니다.

## 12

## 영성훈련 12

# 영적 독서

| 말씀 | "망령되고 허탄한 신화를 버리고 오직 경건에 이르기를 연습하라 육체의 연습은 약간의 유익이 있으나 경건은 범사에 유익하니 금생과 내생에 약속이 있느니라" (딤전 4:7-8).

## 영적 독서란?

성경 다음으로 읽어야 할 책이 경건 서적입니다. 위대한 신앙 위인들의 삶은 예수님의 제자된 삶을 사는 데 유익한 지침을 제공합니다. 그들의 경건한 삶은 우리들이 영성 생활을 구체적으로 실천하고 훈련하는 데 좋은 수단이 됩니다. 그들과 만나는 길은 직접적인 만남과 간접적인 만남이 있습니다. 저자와 직접적인 만남을 갖는 것은 현실적으로 쉽지 않습니다. 책을 통해서 위인들과 간접적으로 접할 수 있습니다.

경건 서적을 읽을 때는 단순히 눈으로 읽는 데 그쳐서는 안 됩니다. 우리의 마음을 가다듬고 하나님에 대한 열정을 가지고 읽어야 합니다. 우리는 영성에 도움을 주는 책을 가까이하는 습관을 길러야 합니다.

여기서 한 가지 꼭 유의해야 할 것은, 아무리 경건 서적이 깊이가 있고 마음에 와 닿는다고 해도 성경보다 우위에 두어서는 안된다는 것입니다. 경건 서적은 성경을 이해하는 데 필요한 보조자료, 혹은 말씀을 실천하는 데 필요한 지침서 역할을 하는 것입니다. 이를 생각하며 저자의 어떤 사상이나 이념에 빠지는 일이 없도록 유의해야 합니다. 이런 이유에서 영적인 서적은 우리의 영성 생활에 많은 도움을 주지만 편협되고 일시적이며 자주 변하기 쉽다는 단점이 있습니다. 그러므로 어떤 책을 선택하냐가 중요합니다. 영적인 단계에 따라 알맞게 독서하는 것이 무엇보다도 필요합니다. 그리고 일단 독서를 시작하면 선정한 책이 주고자 하는 메시지를 잘 파악하고 끝까지 읽어야 교훈을 얻을 수 있습니다. 가능하면 오랫동안 검증된 고전을 중심으로 책을 선택하도록 합니다.

**준비물** : 필기도구, 도서목록표, 해당 서적, 종이, 독후감
**방법**

1. 다음 도서목록 중에서 미리 선정하여 자기 수준에 맞는 책을 읽도록 합니다.

> 도서목록의 예
> 토마스 아 켐피스,『그리스도를 본받아』
> 존 번연,『천로역정』
> 파스칼,『팡세』
> 아우구스티누스,『신의 도성』
> 도스토예프스키,『죄와 벌』
> 찰스 M. 셸던,『예수님이라면 어떻게 하셨을까?』
> 엔도 슈사쿠,『침묵』
> 본훼퍼,『신도의 공동 생활』

2. 토의가 잘 이루어지도록 적당한 인원으로 그룹을 나눕니다.

3. 한 사람이 책 전체가 어떤 내용인지를 이야기 식으로 간단히 정리합니다.

4. 예문의 질문 사항을 그룹원들이 자기가 읽은 내용을 토대로 서로 토의하여 질문에 답합니다.

5. 다 마쳤으면 서기를 정하여 질문에 따르는 답을 적고 그룹별로 보고서를 제출합니다.

6. 개인의 독후감도 같이 제출합니다.

7. 좋은 내용은 서로 발표하도록 합니다.

8. 개인 훈련시는 독서목록표를 작성하여 읽은 날짜, 마친 날짜를 기록합니다.

─책 제목 :

─저자 :

─저자의 관심 :

─이 책의 구성 :

─이 책의 주제 :

─이 책을 읽으면서 특별히 인상을 받은 부분은?

─나의 삶에 도전과 영향을 주었던 내용은?

─우리의 영적 생활에 도움을 주고 있다고 생각되는 점은?

─특별히 문제점으로 제기되었던 것은?

─전체적으로 느낀 점은?

영성훈련 13

# 섬김훈련

| **말씀** | "너희 중에 누구든지 크고자 하는 자는 너희를 섬기는 자가 되고 너희
중에 누구든지 으뜸이 되고자 하는 자는 너희 종이 되어야 하리라 인
자가 온 것은 섬김을 받으려 함이 아니라 도리어 섬기려 하고"(마
20:26-28).

## 섬김훈련이란?

인간은 복종하고 순종할 때 가장 편안함을 얻을 수 있습니다. 그
중에서도 하나님께 복종하는 것이 자유함에 이르는 길이요, 평안
함을 얻는 지혜입니다.

인간의 모든 갈등과 풀리지 않는 문제는 언제나 서로 지배하려는
데서 생기는 것입니다. 토머스 아 켐피스는 "스스로 자신에 대한
심판자가 되지 않고 윗사람의 수하에 들어가서 복종하는 삶을 산
다는 것은 위대한 일입니다. 지배하는 것보다 복종하는 것이 훨
씬 안전합니다"라고 말합니다. 그리스도인의 삶은 가장 낮은 곳
을 거니는 훈련의 과정입니다.

예수 그리스도는 이 세상에 오셔서 섬김의 삶을 가르쳤고 스스로
모범을 보이셨습니다. 섬기고 봉사하는 삶은 말이 아닌 몸소 실
천할 때 가능합니다. 말과 혀끝으로 사랑하지 말고 행함과 진실

함으로 사랑하고 섬기는 것이 성경이 가르쳐 주는 모습입니다. 리처드 포스터는 "섬김만큼 육신의 무절제한 욕망을 훈련하는 것도 없으며 숨어서 봉사하는 것만큼 육신의 욕망을 변화시키는 것도 없다"고 말했습니다.

섬김을 거부하고 복종하는 훈련이 되어 있지 않은 사람은 아직까지 육신의 욕망에 사로잡혀 있는 사람입니다. 개인적으로 영성 훈련을 잘 받았다 할지라도 그것이 섬김과 복종의 삶으로 나타나지 않으면 성숙한 그리스도인의 영성에서 멀리 떨어져 있음을 알아야 합니다. 보통 영적인 문제를 일으키는 경우는 섬김과 복종의 생활인 공동체 삶의 결핍에서 오는 것이 대부분입니다. 아직까지 자기의 육신을 그리스도의 십자가에 완전히 못 박지 않은 교만한 상태임을 깨닫고 이 부분에 더욱더 관심을 가지고 훈련을 받아야 합니다.

섬김과 봉사는 공동체 속에 있을 때 가능합니다. 공동체와 떨어져 있으면 실천하기 힘듭니다. 아픔의 현장, 고통과 억눌림의 현장 속에서 하는 섬김은 어려운 실천 중 하나입니다. 왜냐하면 자기를 완전히 버리지 않으면 힘든 일이기 때문입니다. 그리스도의 사랑을 진정으로 체험할 때 비로소 타인을 섬길 수 있습니다. 예수 그리스도의 사랑에 근거하면 어느 누구도 섬길 수 있습니다. 왜냐하면 그리스도의 섬김으로 말미암아 우리가 구원을 받았기 때문입니다. 낮고 천한 곳에 내려오신 예수 그리스도의 섬김의 권위에 어느 누가 도전하며 응수할 수 있겠습니까? 신앙의 마지막은 결국 섬기는 데 있습니다. 얼마나 남을 잘 섬기고 그들을 위해 희생할 수 있는가 하는 것에서 리더가 결정됩니다. 남을 섬길 수 있는 자가 진정한 의미에서 리더입니다.

**13**

준비물 : 성경, 필기도구, 종이, 자료물, 기타 준비물

**방법**

1. 함께 둘러 앉아서 다른 사람을 잘 섬기지 못하고, 또 섬기기 힘든 이유는 무엇인지에 대해 서로 의견을 나누어 보십시오.

2. 다음의 자료문을 나누어 주고 현재 자신이 섬김과 봉사를 어느 정도 하고 있는지 솔직하게 표시하고 점검해 봅니다.(자기의 습성에 길들여져 있는 것을 중심으로 체크하십시오.)

〈자료문〉

### 섬김과 봉사의 생활 진단표

| 번호 | 제 목 | A | B |
|---|---|---|---|
| 1 | 다른 사람이나 공동체를 섬길 일이 생겼을 때 | 무조건 한다 | 조금 망설이면서 한다 |
| 2 | 섬김에 따른 보상에 대해서 | 관심이 없다 | 관심이 있다 |
| 3 | 보상이 없다면 그 일을 | 한다 | 안 한다 |
| 4 | 결과에 대해 크게 관심을 | 두지 않는다 | 갖는다 |
| 5 | 봉사와 섬김의 대상에 차별을 | 두지 않는다 | 두는 편이다 |
| 6 | 봉사하는 일이 상황에(기분에) 따라 | 좌우되지 않는다 | 좌우된다 |
| 7 | 봉사와 섬김의 계획이 오래 | 가는 편이다 | 가지 않는다 |
| 8 | 나의 섬김의 생활이 공동체에 유익을 | 주는 편이다 | 별로 주지 않는다 |
| 9 | 섬길 때 남을 평가하는 나의 자세는 | 높게 평가하는 편 | 낮게 평가하는 편 |
| 10 | 섬길 때 나 자신을 평가하는 자세는 | 나를 낮게 평가 | 나를 높게 평가 |
| 11 | 상대방의 언어에 대해서 | 별로 개의치 않음 | 귀를 기울임 |
| 12 | 사소한 일이나 무가치하다고 여기는 말은 | 들어 주는 편이다 | 듣지 않는 편 |
| 13 | 언제나 봉사와 섬김의 주도권은 | 남에게 있다 | 나에게 있다 |
| 14 | 봉사와 섬김을 할 때 | 숨어서 한다 | 나타내며 한다 |

3. 위 사항중 B항에 표시가 많으면 섬김과 봉사에 약한 편입니다. 자기가 체크한 것 중에서 시정하고 고칠 수 있는 항목은 어느 것이며, 고치기 힘들다고 생각하는 것은 어느 것입니까? 그 이유는 무엇입니까?

4. 다음의 성경에 나와 있는 말씀을 찾아보면서 섬김과 봉사의 원칙을 10개 이상씩 종이에 적어 보십시오.

전도서 7:8, 에베소서 6:18-19, 에베소서 4:2, 32, 골로새서 3:13, 23, 갈라디아서 6:1-2, 로마서 12:3, 16-17, 베드로전서 4:9, 갈라디아서 5:13, 고린도후서 5:18, 고린도전서 10:24, 14:12, 마태복음 6:2-4, 마태복음 23:10-12, 요한복음 13:14-15, 누가복음 17:3-4, 디모데전서 4:13, 디모데후서 4:2, 빌립보서 2:1-4

5. 자기가 정한 규칙 중에서 지금 그룹원이 실천할 수 있는 것들을 이야기합니다.

6. 둘씩 짝을 지어 서로 대화를 나눈 뒤 행동으로 실천하게 합니다. 짝을 지을 때는 무작위로 골라서 그룹원들이 눈치 채지 못하도록 합니다. 혹시 마음에 들지 않는 사람을 만났을 때는 좋은 섬김의 훈련의 장이 될 수 있도록 주지시킵니다.

7. 이 프로그램은 같은 나이 또래보다는 남녀노소, 교사, 학생, 평신도, 직분자, 교역자 등과 함께 진행하면 은혜롭습니다.

8. 시간이 허락하는 대로 짝을 바꾸어서 하고, 3인조 5인조 등의 그룹으로 실시해도 좋습니다. 또 모두 한 자리에 서서 자기가 평소 섬김과 봉사를 해주고 싶었던 사람을 찾아 한 가지씩 실천하도록 하면 또 다른 효과를 기대할 수 있습니다.

9. 미리 준비물(대야, 수건, 선물, 성경, 간단한 음식, 다과, 과일,

**13**

필기도구, 종이 등)을 준비하여 훈련에 임하도록 합니다.

10. 이때 준비물을 미리 광고하여 남에게 줄 수 있고 봉사에 필요한 도구를 각자 스스로 준비해오도록 합니다.

11. 순서가 끝났으면 섬김과 봉사를 나누었던 사람과 손을 잡고 서로를 위해 기도하는 시간을 갖습니다. 또한 원으로 둘러서서 손을 잡고 함께 섬김과 봉사를 생활 속에 실천할 수 있도록 기도의 시간을 가집니다.

# 사랑의 실천

| 말씀 | "사랑하는 자들아 하나님이 이같이 우리를 사랑하셨은즉 우리도 서로 사랑하는 것이 마땅하도다"(요일 4:11).

## 사랑의 실천이란?

기독교 신앙은 실천에까지 나가야 합니다. 단순히 성경 지식만으로 끝난다면 그것은 살아 있는 믿음이 아닙니다. 그리스도인은 그리스도의 영을 소유한 사람입니다. 그리스도의 영을 소유한 사람이 그것을 실천적인 삶에 접목시킬 때 놀라운 생명력을 발휘할 수 있습니다. 개인의 신앙이 깊어짐에 따라 이웃을 보는 눈이 밝아지고 그것을 행하는 믿음으로 이어지게 됩니다. 그러나 자칫하면 영적인 삶을 어떤 초월적인 신비에만 머무는 경우로 오인할 때가 있습니다. 그래서 세상을 도피하여 영적인 모습에 도달하려고 할 때도 있습니다.

그리스도인은 세상 속에 빛과 소금이 되어야 합니다. 세상 밖에서의 빛됨은 의미가 없습니다. 왜냐하면 빛은 어둠과 상대적인

**14**

관계에서 그 존재의 의미가 있기 때문입니다. 세상의 악한 제도와 문화, 힘 등을 지배하는 것은 사탄입니다. 영적인 사탄의 힘을 우리가 육적으로 이길 수 없습니다. 육으로 영을 이길 수 없기 때문입니다. 결국 영적으로 무장해야 사탄의 세력을 이길 수 있습니다.

신앙은 관계입니다. 하나님과 인간의 관계, 인간과 인간과의 관계 속에서 참된 신앙이 꽃핍니다. 이런 의미에서 이웃의 삶의 모습을 올바르게 바라볼 수 있는 현장체험은 중요합니다.

이웃을 아는 것은 곧 자신을 아는 것입니다. 우리는 이웃을 통해 보다 진실된 자신을 발견할 수 있습니다. 영적인 사람은 헐벗고 굶주리며 비인간적인 삶을 사는 현장을 볼 수 있어야 합니다. 이런 이웃은 조금만 눈을 크게 뜨고 살펴보면 어렵지 않게 발견할 수 있습니다. 영적 시야가 막힐 때 가장 이기적이고 영적인 교만의 상태로 전락할 수 있음을 잊지 말아야 합니다.

신앙이 깊어질수록 하나님께 가까이 가듯이 이웃에게도 가까이 다가서야 합니다. 신앙이 깊어지면 세상 속에서 일어나는 아픔의 현장, 고뇌의 순간. 섬김과 봉사 그리고 나눔과 선교에 민감해지게 됩니다. 결국 영적인 사람이 된다는 것은 자신의 유익만을 구하는 타산적이고 폐쇄적인 삶을 사는 게 아니라 형제와 이웃, 민족, 세계가 그리스도 안에서 한 형제됨을 철저히 인식하면서 하나님 나라 건설의 주역으로서 사는 것을 뜻합니다. 이웃은 나와 한몸된 한 지체이기 때문에 그들의 아픔이 곧 나의 아픔이며, 나에게도 책임이 있음을 알아야 합니다. 이런 면에서 이웃에 대한 사랑의 실천 과정은 의미가 있습니다.

**일정**

하루를 택하든지 아니면 토요일이나 공휴일 시간을 잡아 몸으로 실천하는 현장을 경험하도록 일정을 잡습니다.

**준비모임**

1. 사랑의 실천에 들어가기 전 몇 시간 정도를 할애하여 봉사와 섬김에 대한 실천적 배경과 원리를 연구하고 토의합니다.
2. 준비모임시 관계된 실무자를 초청하여 유의사항과 각오, 자세 등의 안내 사항을 직접 듣도록 계획하면 유익합니다.

**방법**

1. 봉사와 섬길 곳을 먼저 정합니다.
2. 미리 연락하여 봉사와 섬길 수 있는 시간, 준비물, 주의사항을 파악합니다.
3. 충분히 계획한 후에 참가자들끼리 준비모임을 갖습니다.
4. 특별히 누가 누구를 동정한다는 생각을 버리고 얼마동안 함께 체험하고 사랑을 나누고 서로 짐을 지는 데 이 모임의 목적이 있음을 올바르게 인식합니다. 무엇보다도 하나님의 형상을 가진 인격으로서 대하는 것이 중요합니다.
5. 실천하기 전에 함께 기도하는 시간을 충분히 갖고 남에게 보이기 위한 것이 아니라 진심으로 주님의 사랑을 실천하는 마음 자세를 가지는 것이 중요합니다.
6. 현장 체험 보고서를 작성한 후에 함께 모여 피드백 작업을 함으로 전체 내용을 정리하도록 합니다.
7. 평소에 말로만 듣고 보기만 하고 생각만 했던 것을 짧은 시간 이지만 직접 몸으로 체험해 봄으로 이웃에 대한 새로운 시각

**14**

과 가치관을 가질 수 있습니다.

8. 섬기는 사람이 그리스도의 한 형제요 하나님이 만드신 하나님의 형상임을 기억하면서 그리스도의 마음으로 사랑을 실천해야 합니다. 헐벗고 굶주리고 연약한 자, 소자에게 한 것이 곧 내게 한 것이라는 주님의 말씀을 기억하면서 임하도록 합니다.

9. 실천의 장을 실천함에 있어서 자칫 자존심이 상할 수도 있는 점을 감안하여 각별히 유의합니다.

10. 어느 정도 개인의 영성과 공동체 훈련을 한 후에 실시하는 것이 바람직합니다. 말씀을 배우고 그것을 깨달은 상황에서 하지 않으면 자칫 자기 의를 드러낼 수 있는 부분이 있으므로 유의하여 실시하는 것이 필요합니다.

11. 사랑의 실천 기관 탐방을 위한 자료는 각 자치 단체와 구청과 주민센터 사회복지과에 문의하면 도움을 받을 수 있습니다.

12. 가능하면 먼 곳보다는 가까운 이웃을 찾아 사랑의 실천을 하는 것이 좋습니다.

〈자료〉

## 탐방보고서

| 년    월    일    시간 |
| --- |
| 탐방 장소 : |
| 탐방자 : |
| 탐방 중 느낀 점 : |
| 나의 삶에 적용해야 할 점 : |
| 보완했으면 하는 것 : |
| 기타 : |

# 전도훈련

| 말씀 | "오직 성령이 너희에게 임하시면 너희가 권능을 받고 예루살렘과 온 유대와 사마리아와 땅끝까지 이르러 내 증인이 되리라"(행 1:8).

## 전도훈련이란?

예수님이 우리에게 내리신 최후 명령은 복음을 전하는 일입니다. 땅끝까지 주님의 증인되는 것은 그리스도인의 마땅한 사명입니다(행 1:8). 때를 얻든지 못 얻든지 우리는 복음을 이웃에게 전해야 합니다. 전도하는 것은 곧 영혼을 구원하는 일로 이 세상에서 가장 중요합니다. 이보다 더 소중한 일은 없습니다.

예수님이 이 세상에 오신 것도 복음을 전하기 위해서였습니다. 십자가에 피 흘려 죽으신 것도 우리를 구원하기 위해서입니다. 예수님의 뒤를 따라갔던 제자들도 복음 전하는 일에 목숨을 걸었습니다. 그리고 이것은 지금까지 계속 이어져 많은 사람들이 복음을 전하기 위해 순교를 마다하지 않았고 오지 선교를 자원하고 있습니다. 누구도 알아주지 않은 이 일을 위해 세계 도처에서 이름도 없이 수많은 사람들이 복음을 전하는 일을 감당하고 있습니다. 우리의 궁극적인 목표는 이 세상 나라 건설이 아닌 예수 그리스도를 전파함으로 하나님의 나라를 건설하는 일입니다.

이런 의미에서 전도훈련은 실제적으로 전도를 체험할 수 있는 귀한 시간입니다. 이 훈련을 통하여 전도가 생활화 되도록 해야 할 것입니다. 동네나 한 지역을 정하여 복음 전도를 하도록 합니다. 노방 전도도 중요하지만 관계를 통하여 생활 속에서 하는 전도도 함께 정착되도록 해야 합니다. 쉽게 되지 않기에 전도 훈련을 통하여 자연스럽게 점차 우리 몸에 배도록 해야 할 것입니다. 그리고 계속 훈련하면서 생활에 적용하는 것이 중요합니다.

## 일정
하루를 택하여 일정을 계획합니다. 하루가 힘들면 반나절이라도 계속 훈련하면서 직접 몸으로 체험하는 것이 중요합니다.

## 준비사항
1. 미리 전도 훈련을 하고 충분히 기도로 준비하고 떠나도록 합니다.
2. 전도할 구역과 지역을 정하여 사전 준비를 하는 것이 전도훈련하는 데 효과적입니다.
3. 전도팀은 혼자 하지 말고 두 명이 함께 하는 것이 적합합니다. 인원이 너무 많으면 상대방에게 위화감을 주기 때문에 오히려 역효과가 날 수 있습니다.
4. 전도가 끝난 후 조별로 전도 보고서를 작성하면서 느낀점 등을 발표하고 나눔의 시간을 가지면서 정리하도록 합니다.
5. 전도의 열매나 결과에 너무 집착하지 말고 꾸준히 현장 경험을 쌓는 것이 중요합니다. 서로 격려하고 복음의 능력을 체험

**15**

하면서 이 일을 통하여 먼저 전도자 자신을 세우고 다른 영혼을 사랑하는 방향으로 나가는 것이 유익합니다.

6. 전도는 단순히 인간과의 만남이 아니라 보이지 않는 영적인 싸움입니다. 그러므로 기도하면서 말씀을 무장하고 성령 충만을 받는 일이 최우선입니다.

7. 미리 전도에 대해 성경공부를 하고 기도회를 가진 후에 전도를 나가야 힘을 얻을 수 있습니다.

8. 복음 제시에 대한 내용을 미리 숙지하고 사전에 2인 1조가 되어 충분히 훈련을 한 후에 현장에 나가도록 합니다.

전도성경공부 자료

―성경 읽기

마태복음 10장을 읽습니다.

―말씀연구

1. 하나님이 우리를 하나님의 자녀로 삼고 주님의 제자로 삼아 주신 이유는 무엇입니까? 복음을 전할 때 조심해야 할 점은 무엇입니까?(고전 1:17)

2. 예수님이 부활하신 후에 승천하시기 전에 제자들에게 마지막으로 부탁하신 말씀은 무엇입니까?(막 16:15)

3. 우리가 전도할 때 어떤 내용을 전해야 합니까?(행 4:12; 요 3:16)

4. 전도할 때 우리가 꼭 기억하고 주의해야 할 사항은 무엇입니

까?(고전 2:1-5)

5. 전도의 방법에 대해서 말해 보십시오.

─예수님의 전도 방법(요 4:1-30)

   1) 관심을 가지게 한다.

   2) 논쟁을 피한다.

   3) 관심 문제를 중심으로 복음(자신)을 소개한다.

   4) 죄된 양심을 일깨워 준다.

   5) 그리스도에 대한 확신을 갖게 한다.

─사마리아 여인의 전도 방법(요 4:27-42)

   1) 버리라.

   2) 결단과 용기를 가지라.

   3) 예수님(복음)을 소개하라.

   4) 예수님께 인도하라(영접).

   5) 예수님과 함께 살게 하라(교회생활).

복음 제시 자료 - 네 가지 이야기

다음의 요약된 복음의 내용을 토대로 전도를 합니다. 종이나 조그마한 노트나 A4용지를 사용하여 메모를 하거나 그림을 그리면서 전도를 하면 집중력이 생기면서 쉽게 이해할 수 있습니다. 쪽지 복음을 가지고 전도해도 좋습니다. 먼저 다음의 자료를 통하여 복음의 내용을 숙지하도록 합니다.

## 15

### 첫째 이야기 - 사랑의 하나님

하나님은 사랑으로 세상과 인간을 창조하셨습니다. 하나님은 인간을 창조하신 후에 이 세상의 모든 것을 가지며 누릴 수 있는 특권을 주셨습니다. 특히 인간에게는 영원한 생명을 주셨고 영원토록 하나님과 평화와 기쁨을 누리면서 살게 하셨습니다.

"하나님이 세상을 이처럼 사랑하사 독생자를 주셨으니 이는 저를 믿는 자마다 멸망치 않고 영생을 얻게 하려 하심이라"(요 3:16).
"나 여호와가 말하노라 너희를 향한 나의 생각은 내가 아나니 재앙이 아니라 곧 평안이요 너희 장래에 소망을 주려하는 생각이라"(렘 29:11).

하나님은 당신을 사랑하십니다. 이것은 본래부터 가지신 하나님의 마음이요 하나님의 계획이었습니다. 하나님의 목적은 내가 세상에서 사랑과 평화와 기쁨과 소망의 삶을 사는 것입니다. 그런데 왜 많은 사람들이 이런 축복을 누리지 못하고 불안과 절망 속에서 하루를 살아가고 있을까요? 당신은 오늘도 마음이 평안하며 기쁨이 있습니까?

## 둘째 이야기 - 죄를 지은 인간

> 이렇게 된 이유는 인간이 하나님의 명령을 어김으로 죄를 범했기 때문입니다. 하나님과의 관계가 깨어졌고 그 때문에 하나님이 주신 영원한 선물이 인간에게서 사라졌습니다.
> 모든 인간에게는 고통과 죽음이라는 형벌이 임하게 되었습니다.

모든 사람이 죄를 범하였으매 하나님의 영광에 이르지 못하더니"(롬 3:23).

하나님의 형상을 따라 지음을 받은 우리는 하나님께 불순종하여 우리 마음대로 사는 길을 택했고, 지금도 하나님을 떠나 하나님을 거역하는 삶을 살고 있습니다.

결국 이 죄는 하나님과 인간 사이를 멀게 했고, 인간은 하나님의 영광에 이를 수 없게 되었습니다. 그 죄 때문에 인간은 하나님과 영원히 떨어져 멸망에 이르게 되었습니다. 오늘 우리의 삶이 이렇게 불안하고 걱정과 무서움과 구조적인 사회의 악순환과 질병과 시기 등이 있는 것은 모두 인간이 지은 죄로 인한 결과입니다.

"죄의 삯은 사망이요"(롬 6:23).

"오직 너희 죄악이 너희와 너희 하나님 사이를 내었고 너희 죄가 그 얼굴을 가리워서 너희를 듣지 않으시게 함이니"(사 59:2).

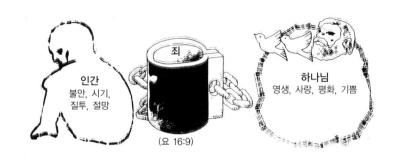

인간
불안, 시기,
질투, 절망

죄

(요 16:9)

하나님
영생, 사랑, 평화, 기쁨

## 셋째 이야기-인간의 해결책

사람들은 이런 문제들을 해결하려고 수많은 방법을 찾아내고 노력
합니다. 그러나 인간의 힘으로는 그것을 결코 해결할 수 없습니다.
물에 빠진 자가 자기를 스스로 구원할 수 없듯이 인간 스스로 죄를
없앨 수 없습니다. 이런 사실을 알고 부족한 자기를 인정하는 것이
곧 회개입니다.

"어떤 길은 사람의 보기에 바르나 필경은 사망의 길이니라"(잠언
14:12).

사람들은 하나님께 속한 영생, 사랑, 평화, 기쁨 등을 얻으려고
수많은 노력을 합니다. 구원을 받고 하나님에게 도달하기 위해
여러 가지 방법과 노력을 하지만 그것은 불가능합니다. 많은 사
람들이 하나님과 깨어진 관계를 해결하기 위해서 여러 가지 방법
으로 다리를 놓았지만 모두 실패하고 말았습니다.

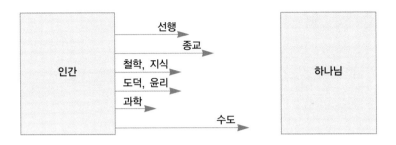

## 넷째 이야기 - 하나님의 해결책

> 하나님은 인간을 구원하는 해결책으로 예수님을 세상에 보내어 인간이 지은 죄를 대신 지게 하심으로 죄 문제를 해결하셨습니다. 예수님이 십자가에 죽으심으로써 하나님과 인간 사이에 막힌 담을 허무시고 화목의 다리를 놓으셨습니다.

"내가 곧 길이요 진리요 생명이니 나로 말미암지 않고는 아버지께로 올 자가 없느니라"(요 14:6).

"다른 이로서는 구원을 얻을 수 없나니 천하 인간에 구원을 얻을 만한 다른 이름을 우리에게 주신 일이 없음이니라"(행 4:12).

"하나님과 사람 사이에 중보도 한 분이시니 곧 사랑이신 그리스도 예수라"(딤전 2:5).

인간의 힘으로 할 수 없는 그 일을 예수님이 오셔서 해결하셨습니다. 죄를 해결하지 않고는 하나님과 화목을 누릴 수 없는데 그 죄 값을 예수님이 죽음으로 대신 치르셨습니다. 인류 역사상 이

**15**

런 일을 이루신 분은 오직 예수님 한 분밖에 없습니다. 모든 인간은 태어날 때 이미 죄인이기에 자기의 죄 때문에 죽을 수밖에 없지만 예수님은 의인으로 태어났기에 우리를 위해 죽으실 수 있었습니다. 이것이 예수님이 우리의 구원자가 될 수밖에 없는 이유입니다.

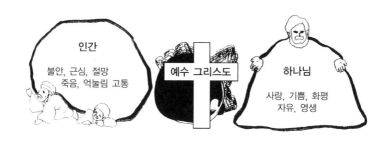

나를 위해 죽으신 예수를 진실로 믿는 자에게는 본래 하나님 안에 있었던 하나님의 성품인 사랑, 평화, 기쁨, 영생이 주어집니다. 이것은 모두 예수님을 통하여 주시는 하나님의 구원의 선물입니다. 예수님을 마음으로 나의 구원자로 영접하면 거룩한 영이신 성령이 내 안에 임하십니다. 하나님이 나를 정말로 사랑하신다는 사실을 깨닫게 되어 진정한 하나님의 자녀가 됩니다.

"우리 주 예수 그리스로 말미암아 하나님으로 더불어 화평을 누리자"
(롬 5:1).

"죄의 삯은 사망이요 하나님의 은사는 그리스도 예수 우리 주 안에 있는 영생이니라"(롬 6:23).

"너희가 회개하여 각각 예수 그리스도의 이름으로 세례를 받고 죄사함을 받으라 그리하면 성령의 선물을 받으리니"(행 2:38).

이제 이런 사실을 알았으면 이 시간 믿음의 선택을 하셔야 합니다. 물론 인간은 자유의지가 있기에 어느 쪽이든 선택할 수 있습니다. 그러나 자유로운 선택에는 늘 책임이 따르며 선택에 대한 결과 역시 자기가 받아들여야 합니다. 아담과 하와가 잘못된 선택을 함으로 온 인류가 지금 불행을 겪고 있는 것과 같이 오늘 나의 선택은 매우 중요합니다.

## 다섯째 이야기 – 선택과 영접

> 이제 구원의 사실을 알았으면 그것을 아는 것에 그치지 말고 지금 나의 믿음으로 예수님을 받아들여야 합니다. 마음으로 주님을 나의 주인으로 영접해야 합니다. 그리고 삶의 방향을 주님에게로 돌려야 합니다.

어느 쪽입니까? 이 시간 예수님을 나의 구원자로 받아들이겠습니까? 아니면 아직 마음이 허락하지 않습니까? 만약 이 사실이 마음으로 허락되지 않는다면 그 이유는 어디에 있습니까?(이유를 물어 보고 다시 앞으로 돌아가서 부족한 부분을 설명해준다.)

이 시간 "나를 죄악에서 구원해주신 분이 예수님이시며 나는 이제부터 주님을 나의 주인이시요 구원자로 받아들입니다"라고 입으로 시인하고 마음으로 믿으면 당신에게는 하나님의 구원이 임합니다. 이제 하나님과 화목이 이루어짐으로 모든 문제가 하나씩 풀리기 시작할 것입니다. 하나님의 축복이 영원토록 임하실 것입니다.

"네가 만일 네 입으로 예수를 주로 시인하며 또 하나님께서 그를 죽은 자 가운데서 살리신 것을 네 마음에 믿으면 구원을 얻으리니"(롬 10:9).

**15**

자, 이제 주님을 마음에 영접하셨습니까? 당신은 다음과 같은 축복을 이미 받았습니다. 그 사실을 다시 확인하시기 바랍니다. (체크하면서 전도자가 확인해줍니다.)

---

### 귀하에게 주어진 하나님의 축복의 선물

1. 귀하의 마음 안에는 예수님이(성령님) 들어와 계십니다.(    )
2. 귀하는 이제 하나님의 모든 것을 상속받은 하나님의 자녀가 되는 특권을 얻었습니다.(    )
3. 귀하는 죄를 용서 받았습니다.(    )
4. 귀하는 영원한 생명을 얻었습니다.(    )
5. 귀하는 하나님의 나라 생명책에 이름이 기록되었습니다.(    )
6. 귀하는 이제 새롭게 영적으로 태어났습니다.(    )
7. 귀하는 하나님의 영원한 자녀가 되었습니다.(    )
8. 귀하의 마음속에는 하나님의 나라(천국)가 시작되었습니다.(    )

---

위의 사실을 분명히 믿습니까? 그러면 다음 사실을 다시 확인해 보겠습니다.

물음1 인정하십니까?

· 내가 죄인인 것을…… (예, 아니오)

물음2 회개하십니까?

· 그동안 하나님을 인정하지 않고 하나님을 떠나서
  생활한 죄를…… (예, 아니오)

물음3 믿습니까?

· 나를 위해 예수님이 대신 죽으시고 부활하시고 다시
  재림하실 것을…… (예, 아니오)

물음4 영접했습니까?

· 위의 사실을 마음으로 받아들이며 주님을
  나의 주인으로 영접하셨습니까? (예, 아니오)

자, 그러면 주님의 자녀가 된 것에 대한 감사 기도를 드리겠습니다. (읽으면서 기도하게 한다.)

사랑의 하나님 !

저는 그동안 죄인이었습니다. 저를 용서해주신 은혜에 감사드립니다. 예수님의 십자가의 죽음이 바로 저를 위한 죽음이었음을 믿습니다. 이제 죄로부터 얽매였던 것을 벗어버리고 하나님을 믿으면서 하나님의 자녀로 살아갈 것을 결심합니다. 이제부터 나의 인생의 주인으로 주님을 모셨으니 주님이 나를 이끌어가옵소서. 주님께 나를 맡기면서 주님의 말씀에 따라 살도록 하겠습니다.

예수님 이름으로 기도합니다. 아멘.

날짜 :                 서명 :

## 전도 현장 실습 보고서

| 년      월      일            조       보고자 |
| --- |

1. 누구에게:


2. 언제:


3. 어디서:


4. 전도상황:


5. 방법  1) 도입과정:

　　　　2) 상담과정:

　　　　3) 복음 제시는?:


6. 상대방의 반응은?:


7. 나의 느낌:


8. 영접기도 및 확인사항:


9. 다음 약속 장소:


10. 얻은 결과:


11. 사용한 자료:

**15**

# 복음현장 탐방

| 말씀 | "자녀들아 우리가 말과 혀로만 사랑하지 말고 오직 행함과 진실함으로
하자"(요일 3:18)

## 복음현장 탐방이란?

신앙생활에 있어서 믿음과 행함은 서로 분리될 수 없는 불가분의
관계입니다. 교회 안에서만, 혹은 머리와 입으로만 하는 제자훈
련은 삶과 연결되기 어렵습니다. 예수님의 사랑을 실천하는 현
장을 직접 목격하면서 듣고 느껴보는 것은 말씀의 의미를 깊게
깨닫고 체험할 수 있는 좋은 신앙 훈련의 장이 됩니다.

특히 한국의 복음의 역사를 더듬어 보면서 헌신의 삶을 살았던
선배들의 모습을 직접 현장을 통해 배우는 것은 매우 귀한 일입
니다. 복음을 위해 자기의 모든 것을 바치면서 끝까지 충성을 다
했던 위대한 신앙의 선배들의 삶의 발자취를 통해 오늘 우리의
신앙을 재조명해 볼 수 있습니다.

복음의 현장을 탐방하는 것은 복음의 능력과 말씀의 귀중함을 더
욱 마음속에 새기는 기회가 되고 복음의 능력을 새롭게 느끼는
계기가 될 것입니다. 우리들은 삶이 너무 바쁘고, 또 게으름 때문
에 이런 역사의 현장을 놓치는 경우가 많습니다. 하루쯤 시간을

**16**

내어 한국의 선교 역사들을 살펴보고 말씀공부에 임한다면 신앙 생활에 큰 도전을 받게 될 것입니다. 특히 역사의 현장을 몸으로 경험하는 것은 이론적으로 공부하는 것과 다르게 오랜 기억으로 남게 되는 강점이 있습니다. 또한 이런 몸의 경험은 성경공부와 제자양육 과정에 많은 대화의 밑거름이 될 것입니다.

예수님은 제자들을 가르칠 때 한 장소에 매이지 않고 여러 삶의 현장을 다니면서 실천을 통해 또는 대화와 접촉을 통해 말씀을 전하시고 가르쳤습니다. 때로는 산에서, 우물가에서, 길거리에서, 집에서, 바닷가에서, 병든 자, 소외된 자, 억눌린 자, 가난한 자의 삶을 찾아다니시며 복음을 전파하고 제자들을 가르치셨습니다.

믿음과 행함이 분리되지 않고 서로 하나가 되어 믿음의 체험 속으로 들어와야 합니다. 이런 일을 이루기 위해 실제로 역사 속에서 신앙의 삶을 살았던 사람들의 발자취를 따라가는 것은 의미가 있습니다. 교회 안에서만 행하는 제자양육을 넘어 역사 속에서 복음을 재발견하는 폭넓은 과정이 필요합니다.

※ 여기에 제시된 장소는 서울과 수도권을 중심으로 되어 있습니다. 지방에 있는 경우에는 그 나름대로 가까운 선교지와 순교 유적지를 찾아서 지도자가 재구성하는 것이 필요합니다(예를 들면 여수 애양원, 제주도 이기풍 기념관, 제암리 교회, 지리산 선교지 등).

### 준비사항
―오리엔테이션
1. 1-2시간 정도를 할애하여 순례할 성지 및 탐방할 선교단체에

대해서 사전에 배움의 시간과 소개의 시간을 갖습니다.

2. 미리 지도자가 장소 답사를 하여 시간 및 일정에 차질이 없도록 합니다.

3. '현장 탐방 보고서'를 각자 기록하여 제출하도록 합니다.

4. 현장 탐방을 다녀와서 나눔의 시간을 통하여 심화과정을 진행할 수 있습니다.


탐방 일정표 (예)

• 첫째 날 / 순교와 복음의 빛을 따라서
 —주기철 순교탑과 주기철 목사 기념기도탑
  (서울 광장동 장신대 안에 있음)
 —절두산과 양화진 외국인 선교사 묘지(마포구 합정동)
 —기독교 박물관(숭실대학교 내)
 —용인 순교자 기념관


• 둘째 날/ 선교하는 사람들과 함께
 —방송 선교
  극동방송(북방 선교와 복음 선교)
  기독교 텔레비전
  기독교 방송
 —의료선교
  실로암 안과병원 (개안수술현장)
 —성경번역 선교회와 선교단체(OMF) 방문
 —빈민 및 병원선교
  베데스다 교회(서대문 시립결핵병원)
 —장애인과 아동 선교

영성훈련 17

# 리트릿 수양회

| 말씀 | "예수께서 일어나 나가 한적한 곳으로 가사……(막 1:35)

## 리트릿(retreat) 수양회란?

하나님께서는 우리의 인격이 그리스도의 장성한 분량에 이르기를 원하십니다. 이것은 공동체의 삶을 통해서 완전하게 이루어집니다. 아무리 개인이 훌륭한 신앙을 지녔다고 해도 공동체의 삶에서 조화를 이루지 못하면 아직 미숙한 상태임을 알아야 합니다.

인간은 관계의 동물입니다. 관계성이 올바르지 못할 때 분열, 이기심, 교만, 파괴적인 죄의 모습이 나타납니다. 하나님과의 관계, 이웃과의 관계는 서로 분리된 것이 아니라 연결된 것입니다. 하나님과 관계가 좋은 사람은 이웃과의 관계도 좋아야 합니다. 그렇지 못하고 어느 한쪽이 불균형 상태가 되면 진정한 하나님과의 사귐이라 볼 수 없습니다. 이 관계성 훈련은 공동체의 삶 속에서 가능합니다. 자기와 하나님의 관계를 발견하고 아울러 다른 사람과의 관계를 발전시킬 때 비로소 영적으로 성숙된 모습으로 나아갈 수 있습니다. 공동체의 모임을 새롭게 하기 위해서는 한 과정이 끝나면 조용하게 자신을 돌아보는 시간이 필요합니다. 기독교는 날마다 갱신하는 종교입니다. 날마다 자기를 갱신하는 일을 그치면 타락하게 됩니다. 인간은 죄인이기에 성공했을 때가 가장 위험합니다. 어떤 과정을 마쳤을 때 영적으로 가장 교만해질 수 있습니다. 이것을 해결하기 위해서 자기를 돌아보는 시간, 즉 리트릿(retreat, 퇴수회)을 가지는 것이 좋습니다. 이것은 어느 공동체에서든지 필요한 과제입니다. 이런 의미에서 리트릿은 꼭 필요한 과정입니다.

리트릿은 1년에 한 번 내지는 6개월에 한 번 정도로 계획하는 것이 효과적입니다. 리트릿은 공동체 모임을 가지면서 깊은 교제를 가지지 못하거나 긴밀성이 결여되었을 때, 아니면 언약 공동체가 한 과정을 마치고 새로운 언약으로 들어갈 때 그 과정을 정리하고 새롭게 전진하는 의미에서 갖는 시간입니다. 조용한 장소를 찾아 2~3일 동안 공동생활을 하여 그동안에 배운 신앙의 모습을 새롭게 결단하고 자기를 재발견할 수 있습니다.

어떤 공동체든지 그 나름대로의 부정적인 점과 긍정적인 점이 공존하기 마련입니다. 모임마다 독특한 성격이 있으며 고질적인 병폐가 어느 모임에든지 있습니다. 이런 것들이 평상시와는 다른 분위기에서 하는 공동체 생활을 통하여 치유되고 더 발전된다면 의미 있는 시간이 될 수 있습니다.

공동체 생활이 자칫 계속되는 반복적인 생활로 인하여 권태감과 무력감에 빠질 수 있다는 점을 감안한다면 정기적인 리트릿은 공동체의 생활에 생동감과 새로운 활기를 넣어주는 촉진제 역할을 합니다. 리트릿은 개인이나 가족뿐만 아니라 신앙 공동체의 신앙 성장에도 유익합니다. 휴가나 주말 등을 이용하여 수련원이

**17**

나 기도원에서 조용히 자신을 돌아보는 시간을 가지면서 새로운 결단을 가질 수 있습니다. 예수님도 바쁜 시간 중에서 한적한 시간을 따로 떼어서 조용한 시간, 즉 리트릿을 가지셨습니다.

리트릿 수양회를 통하여 지금까지 훈련한 모습을 정리하고 또 그동안 훈련한 영성훈련을 통합적으로 실천할 수 있는 기회를 가진다면 다시 한번 정리하는 의미에서 유익합니다.

**준비물:** 침구, 성경, 찬송, 필기도구, 옷가지 여유분, 세면도구, 핸드북, 이름표

**진행 방법**

1. 장소를 먼저 선정합니다(수련원이나 기도원 등).
2. 기간은 1박 2일, 2박 3일로 계획할 수 있습니다(가능하면 하룻밤을 같이 지낼 수 있도록 합니다).
3. 시기는 과정, 분기, 학기를 끝날 때 실시합니다.
4. 일정표를 담은 핸드북과 보조 자료를 준비합니다.
5. 시간은 여유 있게 계획하되 주로 자유로운 개인의 명상과 산책, 대화 등을 통하여 자기를 돌아보는 시간을 많이 할애하도록 합니다.
6. 필요한 사항을 담은 핸드북 등을 준비하여 자기가 필요한 사항을 적고 후에 참고하도록 합니다.

〈일정표의 예 (2박 3일)〉

　　(본 프로그램 및 일정표는 기본적인 예시이므로 이 자료를 참조하여 나름대로 재구성하는 것이 바람직합니다.)

| 첫째 날 프로그램 | 둘째 날 프로그램 | 셋째 날 프로그램 |
| --- | --- | --- |
| 오전<br>10:00 출발<br>11:00 도착 및 짐정리<br>12:00 점심식사<br>오후<br>2:00 개회예배/<br>　　　오리엔테이션<br>3:00 휴식<br>　　　개인 명상 시간<br>4:00 관계훈련<br>6:00 저녁시간<br>7:00 저녁경건회<br>8:00 신앙 진단의 시간<br>9:00 대화의 시간<br>10:00 취침 | 오전<br>06:00 기상(세면)<br>07:00 경건의 시간(큐티)<br>07:30 나눔의 시간<br>08:00 아침식사<br>09:30 찬양의 시간<br>10:00 특강<br>11:00 그룹미팅<br>12:00 점심식사<br>오후<br>2:00 홀로 산책<br>3:30 성경 읽기<br>4:00 내 인생 돌아보기<br>6:00 저녁식사(야외 만찬)<br>7:30 그룹공동체 대화<br>8:30 공동체를 위한 기도<br>9:00 은혜와 비전 나누기<br>10:30 취침 | 오전<br>06:00 기상 (세면)<br>07:00 아침산책<br>07:30 아침대화<br>08:30 아침식사<br>09:30 시편 찬양<br>11:00 특강<br>12:00 전체 나눔과 기도<br>오후<br>1:00 공동체 식사<br>1:30 섬김과 봉사(청소)<br>2:00 마침 예배<br>2:30 집으로 출발 |

**17**

〈프로그램의 실제 소개〉

**첫째날**

개회예배

예배의 부름―에베소서 1:3-6

기원―인도자

찬송

기도

성경봉독

설교

찬송

광고 · 오리엔테이션

축도


**그룹 모임 순서**

예배의 부름

기원―인도자

찬송

말씀 나눔

찬송

마침대화기도


개인묵상시간

리트릿 수양회에 참석하게 된 자신의 마음 상태를 묵상합니다.

1. 떠나올 때의 마음과 도착 후의 영적 상태는?

2. 구원의 확신과 하나님의 자녀됨을 어느 정도 느끼고 있습니까?

3. 리트릿 수양회를 통해 하나님이 나에게 요구하시는 것은 무엇이라고 봅니까?

4. 공동체의 삶 속에서 내가 해야 할 일은 무엇입니까?

### 관계훈련

관계훈련은 서로의 관계성을 살펴보는 데 유익합니다. 특히 공동훈련이 잘 이루어지지 않은 경우에는 자기 자신을 점검해 볼 수 있는 좋은 기회가 됩니다.

· 본서에 제시된 영성훈련 프로그램 중에서 "관계훈련"(하나님과 나, 이웃과 나, 자연과의 나)을 참고합니다.

### 식사(아침, 점심, 저녁)

식사시간을 즐겁고 축제적인 분위기로 만듭니다. 식탁은 자연스럽게 모일 수 있도록 자리를 원형으로 배치하면 좋습니다. 식사시간을 이용하여 서로 소개하며 친교시간을 갖고, 잘 모르는 사람과 자리를 같이 하여 교제를 갖도록 합니다. 음식은 개인별로 하지 말고 식탁별로 준비하여 함께 식탁의 사귐을 갖도록 합니다. 아침, 점심, 저녁 식사는 다양하게 계획하고 마지막 날 저녁은 뷔페식으로 야외에서 저녁 만찬으로 계획합니다.

· 본서에 제시된 영성 훈련의 '식탁의 사귐'의 내용을 응용하여 사용할 수 있습니다.

### 신앙 상태 진단

1. 신앙 상태를 진단할 수 있는 자료를 준비하여 모두에게 나눠주고 각자 진단하게 합니다.

2. 이때 신앙 진단 자료는

1) 개인 생활 2) 공동생활(이웃) 3) 기타 생활 현장의 모습을 앙케트 형태로 간단하게 답할 수 있는 항목을 작성하여 표시합니다. 점수를 산정할 수 있도록 하고, 마친 후에는 점수에 따라 영적인 진단을 할 수 있도록 합니다.

3. 서론적인 신앙에 대한 강의를 가집니다.

4. 자신이 점검한 자료나 강의를 토대로 함께 그룹으로 모여 다음의 제목으로 토의를 합니다.

  ㅡ교회 내에서 신앙생활 할 때 주의해야 할 점

  ㅡ개인의 영성 훈련에 대해서

  ㅡ영적 훈련이 잘 안되는 이유와 장애물은?

  ㅡ개발해야 할 신앙의 부분들과 구체적인 실천 계획은?

**대화의 시간**

공동체의 상황에 맞게 칵테일파티 형태를 응용하여 자유롭게 돌아다니면서 이야기를 나누고, 평소에 궁금했던 점에 대해 대화하도록 합니다. 넓은 공간에 따스한 분위기를 조성하는 것이 필요합니다. 환경이 춥거나 산만하면 대화가 잘 이루어지지 않으므로 커튼, 조명 등을 하는 것이 좋고, 최대한 편안한 분위기를 연출하도록 합니다. 이때 꽃꽂이와 조용한 음악을 준비하면 더욱 좋습니다. 특히 강압적이거나 의도적이 아닌 자유로운 진행을 하도록 주의해야 합니다.(야외도 좋습니다)

**둘째날**

경건의 시간

해당 성경과 묵상자료를 제시하고 함께 경건의 시간을 갖도록 합니다. 정해진 시간 동안에 자유롭게 개인적으로 묵상의 시간을 가진 후에 다시 모여 소그룹으로 나눔의 시간을 갖습니다.

〈경건의 시간 자료〉

### 주님과 하루를

─찬양과 기도

─말씀읽기: 마가복음 1:35-45

─말씀의 살핌

  1) 예수님이 조용한 명상의 시간을 가졌는데 장소의 때는?(35)

  2) 예수님의 사역의 중요한 일을 말해 보십시오.(38)

  3) 문둥병자의 좋은 점 하나와 잘못된 점 하나를 말해 보십시
    오.(40-45)

─묵상의 글

두 나무꾼이 하루 종일 장작을 패고 있었습니다. 한 사람은 하루 종
일 도끼질을 하고 쉬지 않고 열심히 일했습니다. 다른 한 사람은 50
분 일하고 10분 휴식을 가졌습니다. 날이 저물어 갈수록 휴식을 갖
고 일한 사람이 하루 종일 일한 사람보다 장작더미를 더 많이 쌓았
습니다. 하루 종일 도끼질을 한 사람이 말했습니다.

"이게 어찌된 일이지? 나는 쉬지도 않고 일했는데 말이야."

그러자 휴식을 가진 나무꾼이 말했습니다.

"허허. 나는 쉬고 있을 때 도끼날을 갈았다네."

경건의 시간은 우리의 영혼이 생기를 찾게 하는 시간입니다. 하루
동안에 이런 시간은 필요합니다. 특히 일을 시작하기 전 새벽에 조
용한 시간을 갖는 것은 영적인 무기를 준비하는 시간입니다. 공부
를 한다든지, 사람을 만나고 잡다한 일을 처리하는 등 우리들은 매

**17**

우 바쁘게 지냅니다. 그러나 실제로 보면 일의 성과가 그렇게 크지 않은 경우를 봅니다. 열심히 사는 것만이 능사는 아닙니다. 말씀과 매일 만나는 시간을 가질 때 우리는 하나님이 기뻐하시는 일을 할 수 있습니다.

─오늘 나에게 주신 말씀

─나의 실천과 결단

─나의 기도

### 경배의 찬양

이때의 찬양은 하나님의 임재를 느끼며 하나님의 이름을 높이는 경배와 드림의 찬양이 되도록 합니다. 여러 가지 찬양의 형태를 조화시켜 하나님이 함께하심을 자연스럽게 몸으로 표현함으로 고백하게 합니다.
* 본서의 영성훈련 부분에 나와 있는 "시편찬양" 등을 참조.

### 그룹미팅

이 시간은 하나의 과제를 주어서 그룹별 토의 및 대화를 나누게 합니다. 공동체의 관심이 되고 있는 이슈를 택해 토의하게 하고 그것을 토대로 서로 그룹토의 및 만남을 영상자료를 통해 진행하면 훨씬 대화하는 데 도움을 줍니다.

### 홀로 산책(침묵의 시간)

자연 속에서 산이나 물, 평지 등 자유롭게 걸어 다니며 산책의 시간을 갖습니다. 그리고 이 시간만큼은 홀로 있게 합니다. 도시생활이나 가정생활에서는 홀로 있는 시간을 거의 갖기 힘든 점을 감안하여 일부러 홀로 있는 시간을 갖게 합니다. 그 시간에 조용히 하나님과의 관계를 생각하게 합니다. 깊은 묵상 속에 하나님의 말씀을 생각하고 침묵 속에 걸어 다니면서 또 휴식 속에 깊은 내면의 기도를 드릴 수 있습니다. 될 수 있으면 스스로 주제를 정해 묵상하며 하나님 앞에서 자기 정체성을 발견케 합니다. 소리를 내거나 큰 소리로 노래를 부르거나 다른 일을 하지 않도록 주의를 줍니다. 실시하기가 조금 어렵다고 생각되면 진행부에서 미리 산등성, 나무, 물가 돌 등에 성경구절을 쓴 예쁜 꼬리표를 매달아 말씀과 만나는 자리를 만들 수 있습니다.

### 성경읽기

성경통독 시간입니다. 한 번은 모두 읽도록 합니다. 읽은 후에는 그룹으로 모여 한 사람씩 혹은 자유롭게 내용을 정리하여 이야기합니다.

—창세기 5-8장

 1. 오늘 우리에게 주는 교훈은 무엇입니까?
 2. 본문 속의 주인공이 나라고 할 때 어떤 느낌을 받았습니까?

### 공동체를 위한 기도

소속된 공동체를 위해 기도 시간을 갖습니다. 기도에 들어가기 전 먼저 평소에 가졌던 문제점, 시정해야 할 점, 더욱 발전시켜야 할 점 등을 나눈 뒤 그 속에서 공통 기도제목을 선택해 함께 공동체를 위한 기도를 합니다.

### 중보기도

서로를 위해 중보기도를 할 수 있는 시간입니다. 그동안 리트릿에서 만나 대화를 나누고 경험했던 것을 토대로 서로를 위한 기도의 시간을 갖습니다. 종이에 서로의 기도제목을 적어 리트릿을 마친 후에도 계속 기도할 수 있도록 합니다. 또한 기도의 짝을 만들어 계속 기도하도록 하는 것도 좋습니다. 구체적인 것은 본서에 제시된 "공동기도" 및 "중보기도"를 참조합니다.

### 그룹대화기도

본서에 제시된 "대화 기도"를 참조합니다.

### 공동체 토의 및 대화

하루 동안에 있었던 일을 중심으로 대화를 나누고 그것에 따라 토의합니다.

1. 오늘 하루의 생활 중 꼭 기억하고 싶은 것은?
2. 이전에 하지 못했던 새로운 경험이 있었습니까? 그것이 나에게 어떤 느낌을 주었습니까?
3. 하나님이 오늘 나에게 들려주셨던 음성은 무엇입니까?

예1)

오늘 나에게 주시는 하나님의 말씀 편지

나의 사랑하는 _____에게

_____를 끝까지 사랑하는 하나님으로부터

예2)

## 하나님께 보내는 편지

사랑하는 하나님 아버지께 드립니다.

하나님의 딸 (아들) _____드림

\* 좋은 내용은 발표하여 서로 나눔의 시간을 갖습니다.

### 저녁 경건회

저녁 경건회는 형식에 짜인 형태보다 자연스럽게 하나님과 만나는 예배를 계획합니다. 하루를 무사히 마치게 하신 하나님의 은혜에 감사하며 이 밤도 하나님의 보호하심 가운데 잠들게 해달라는 내용의 기도를 드리고 말씀의 나눔, 그리고 하루 생활 가운데 같이 나눌 간증이 있으면 간단히 곁들이면 더욱 좋습니다.

### 셋째날

#### 아침대화

조용한 장소(물가나 산속)를 선택하여 하나님이 주신 새로운 하루에 대해 3-4인조로 나누어 서로 나눕니다. 그리고 서로를 위해 한 가지씩 해주고 싶은 것을 계획하고 하루 동안 실천하도록 합니다. 대화가 끝난 후에는 같이 찬양하고 기도함으로 마치도록 합니다.

#### 시편찬양

본서에 수록된 "시편찬양"을 참조합니다.

#### 전체 나눔과 대화

지금까지 2박 3일 동안의 시간을 마치면서 정리하는 대화와 나눔을 가집니다. 대화의 내용은 다음과 같은 것으로 할 수 있습니다. 간단한 무언극이나 모노 드라마 등 촌극을 준비하여 전체가 감상한 후에 대화를 나누면 좋습니다. 그룹별로 하고 나서 대표자가 내용을 발표하는 방식도 좋습니다.

〈대화 주제〉

1. 본 수양회를 통해 자신에게 준 유익과 소득은 무엇입니까?

**17**

2. 수양회를 마치고 집에 돌아가 이 체험을 어떻게 나누며 실천할 것입니까?
3. 공동체(부서, 교회, 가정, 이웃)를 위해 나는 어떻게 기여하며 어떤 일을 계획하고 싶습니까?
4. 서로에게 바라고 싶은 내용은 무엇입니까?

### 공동체 식사

애찬의 형태를 이용하여 모두 함께 식탁에 둘러앉을 수 있도록 합니다. 성찬을 같이 나눌 수 있는 상황이면 성찬과 애찬을 같이 계획해도 좋습니다. 떡과 잔을 돌려가면서 서로 먹여주고 나누도록 합니다. 그리고 화평의 인사와 포옹, 혹은 악수를 나누면서 마치도록 합니다. 이때 중간에 간증을 넣어도 좋고 공동 기도문을 채택해서 같이 기도해도 좋습니다. 사정이 허락하면 식탁의 순서가 끝나고 이웃을 위한 헌금을 즉석에서 하도록 합니다.

### 섬김과 봉사

이 시간은 2박 3일 동안의 모든 생활을 정리하는 시간으로 하나님께 받은 은혜와 감격으로 서로를 위해 봉사하는 시간입니다. 어떤 지시나 강요함 없이 스스로 일을 찾아 짐을 정리하고 청소함으로 함께 협동하는 사랑의 실천 모습을 만들도록 합니다.

### 폐회예배

기원/ 인도자
찬송/ 다같이
말씀과 나눔/ 인도자 및 함께
연결기도/ 다같이

공동체 악수 및 인사 / 다같이

찬송/ 다같이

주기도문 / 다같이

수양회를 마치고……

# 개 인  점 검 표

| 과 | 일자 | 과제(기도, 성경읽기) | 기도제목 | 출석유무 | 점검 |
|---|---|---|---|---|---|
| 1 | | | | | |
| 2 | | | | | |
| 3 | | | | | |
| 4 | | | | | |
| 5 | | | | | |
| 6 | | | | | |
| 7 | | | | | |
| 8 | | | | | |
| 9 | | | | | |
| 10 | | | | | |
| 11 | | | | | |
| 12 | | | | | |

• 과제/ 상. 중. 하

# 지 체 원 돌 봄 표

(                    ) 지체            이름:

| 번호 | 이름 | 전화 | 주소 | 1 | 2 | 3 | 4 | 5 | 6 | 7 | 8 | 9 | 10 | 11 | 12 |
|---|---|---|---|---|---|---|---|---|---|---|---|---|---|---|---|
| 지체장 | | | | | | | | | | | | | | | |
| 1 | | | | | | | | | | | | | | | |
| 2 | | | | | | | | | | | | | | | |
| 4 | | | | | | | | | | | | | | | |
| 5 | | | | | | | | | | | | | | | |
| 6 | | | | | | | | | | | | | | | |
| 7 | | | | | | | | | | | | | | | |
| 8 | | | | | | | | | | | | | | | |
| 9 | | | | | | | | | | | | | | | |
| 10 | | | | | | | | | | | | | | | |
| 11 | | | | | | | | | | | | | | | |
| 12 | | | | | | | | | | | | | | | |

• 지체원의 이름을 적어 서로의 출석을 체크하고 점검하면서 격려하고 보살핍니다. 지체원이기에 서로 관심을 가져야 합니다. 이런 돌봄을 통해 그리스도의 몸된 유기체적인 관계를 경험하며 그리스도의 몸을 세우게 됩니다. (전화, 방문, 편지, 배운 것 전해주기, 대화 등으로 한주간 동안에 한 번 이상씩 지체원들과 유기적인 교제를 합니다.)

# 중 보 기 도   일 지

이름:

| 번호 | 기도요청자 | 월일 | 기도내용 | 기도응답내용 | 응답일 |
|------|-----------|------|---------|-------------|--------|
| 1 | | | | | |
| 2 | | | | | |
| 3 | | | | | |
| 4 | | | | | |
| 5 | | | | | |
| 6 | | | | | |
| 7 | | | | | |
| 8 | | | | | |
| 9 | | | | | |
| 10 | | | | | |
| 11 | | | | | |
| 12 | | | | | |
| 13 | | | | | |
| 14 | | | | | |
| 15 | | | | | |

# 나의 간증

---

---

---

---

---

---

---

---

---

---

## 저자 이대희 목사

장로회 신학대학교 신학대학원(M.Div)과 연세대학교 연합신학대학원(Th.M)을 졸업하고 현재 에스라
성경대학원대학교 성경학박사(D.Liit) 과정 중이다.
예장총회교육자원부 연구원과 서울장신대학교 신학과 교수를 역임하고 서울 극동방송에서 "알기쉬
운성경공부" "기독교 이해" 등 프로그램을 진행했다. 지난 20여 년 동안 성서사람 · 성서한국 · 성서교
회 · 성서나라의 모토를 가지고 한국적 성경교육과 실천사역을 위해 집필과 세미나와 강의사역을 하
고 있다. 현재 바이블미션(www.bible91.org) 대표, 꿈을주는교회 담임목사, 독수리기독중고등학교 성
경교사, 강남성서신학원 외래교수, 서울장신대 겸임교수로 사역 중이다.
저서로 《30분성경공부시리즈》《투데이성경공부시리즈》《아름다운 십대성경공부시리즈》《이야기대
화식성경연구》《성경통독을 위한 11가지 리딩포인트》《심방설교 이렇게 준비하라》《예수님은 어떻게
교육했을까?》《1% 가능성을 성공으로 바꾼 사람들》《자녀를 거인으로 우뚝 세우는 침상기도》《하룻
밤에 배우는 쉬운 기도》《하나님 이것이 궁금해요》《크리스천이 꼭 알아야 할 100문 100답》등 100여
권이 있다.

# 영성훈련
엔 크 리 스 토     제 자 양 육 성 경 공 부   7   -     영 성 과 정

초판 1쇄 인쇄일 | 2008년  9월 20일
초판 2쇄 발행일 | 2012년 10월 19일

지은이 | 이대희
펴낸이 | 김학룡
펴낸곳 | 엔크리스토
마케팅 | 임월규, 이동석
관리부 | 이진규, 박지현, 박혜영, 이상석, 김동인

출판등록 | 2004년 12월 8일
주    소 | 경기도 고양시 일산동구 장항동 585-2
전    화 | (031) 906-9191
팩    스 | 0505-365-9191
이메일 | 9191@korea.com
공급처 | 기독교출판유통

ISBN 978-89-92027-52-6 04230

값 4,000원

● 잘못된 책은 바꾸어 드립니다.
● 이 교재의 사용 방법, 내용, 훈련, 세미나에 대한 문의는 바이블미션(02-403-0196, 016-731-9078)으로 해주시
  면 최선을 다해 도와드리겠습니다.